行儀は悪いが
天気は良い

加納愛子

新潮社

まえがき

小説新潮さんにて連載させていただいたエッセイが、このたび1冊の本になりました。自身としては2冊目のエッセイ本です。これより、エッセイストの肩書きを堂々と名乗っていこうと思います。ちょっと賢く見られたい時はコラムニストと言います。ネタ一筋に見られたい時はこの本は隠します。本田望結ちゃんと話す時はもちろん取り出して「お互いどっちも全力で頑張ろうね！」と微笑みます。

初めての誌面連載に怯え、余裕をもって5回分のストックを用意した状態でスタートさせていただいたのにもかかわらず、半年も経たないうちにそのストックは消え去っており、担当の方から「なくなりました」と連絡がきた時は、まるで私が泥棒であると疑われているような気まずさを感じました。それでもなんとか、皆さんのおかげで無事書き終えることができましたが、あと1年続いていたら、他人のエピソードをパクって書くような本当の泥棒になっていたかもしれません。長年エッセイを書き続けられている方々は本当にすごいことをしていると、もっと世の中に広まってほしいと思います。

担当の方から「芸人になる以前のお話を」とテーマをいただき、自分をかたちづくってきた日々を思い起こす作業でした。過去の感情を改めてなぞり、その青さや無知に、毎度恥ずかしくも愛おしい気持ちになりました。一丁前に文章をこねくり回そうとした時にも、それにも負けないほどのまっすぐな当時の思いに触れることができました。まわりには「もう書くことない、思い出すっからかんやで」などと漏らしていましたが、パカパカと開いた記憶の蓋のすき間から漂う、懐かしい香りを楽しんでいました。いまこれを書いているのは真夏の夕方ですが、私にも年齢の数だけ夏があったのだと、当たり前のことを思い出させてくれました。ネタだけ書いていた喫茶店には季節はありませんでした。

読み返してみると、なぜかここには書かなかった思い出が頭によぎります。中学の時にギター教室を1ヶ月で辞めたこと（いま相方がギター教室に通っていることをラジオでいじる側に立っています）、高校の時に文芸部に入ってポエムを書いていたこと（はずい）、恋愛について（むっちゃはずい）、その他いろんな嫉妬や挫折。自分でも思い返したくない部分を曝け出してはじめてプロと呼べるのでは？　と自問してみたりもしますが、今回は『行儀は悪いが天気は良い』という開き直ったタイトルですので、比較的天気の良い部分を届ける方向やからね、と自分を納得させました。それらの記憶は、心の中でしっかり可愛がってあげようと思います。

「芸人になる以前の話」がテーマでしたが、ちょくちょくそのルールを破って最近の話を書いているのも『行儀が悪い』で説明できてしまうので、本当に素晴らしいタイトルだなと思います。

手に取っていただいた方、ありがとうございます。心が晴れやかな日、ふとした時間のお供に。楽しんでもらえますように。

行儀は悪いが天気は良い　目次

まえがき　1

思い出のおっちゃんたち　13

ポケットの碁石　22

中華にまつわるエトセトラ　30

あるいは、くーちゃんの思い出に寄せて　38

9歳の衝撃　46

最高の仕事　54

帰りたくない　62

「ことな」の魔法　70
トマトとミンチ肉　78
青春　86
私とＭ－１、どっちが大事なん？　94
友だち　102
卒業までの４ヶ月　110
将来の夢なに？　118
自分の部屋が欲しい　126

喫茶店　134

ねこが好き　142

商店街　150

汽車に乗って　158

親父が倒れた　166

挨拶と笑い　173

新宿駅の全貌　180

魂の居場所　187

では、Aマッソとは　195
あとがき　203

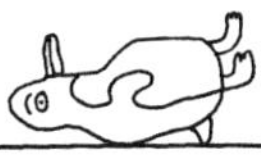

装画・挿画
HONGAMA

行儀は悪いが天気は良い

思い出のおっちゃんたち

子どもの頃、大阪の住吉にあるうちの家にはしょっちゅう色んなおっさんが遊びにきた。親父の地元のツレのおっさん、親父とおかん共通の知り合いのおっさん、「世話なってる先輩や、挨拶せぇ」なおっさん、「ツレちゃうわこんなやつ（笑）」なおっさん。

子どもからすればおっさんの細かい分類なんて知ったこっちゃなかったが、夕飯の席にはやかましいおっさんが当たり前のように座っていた。みんなおかんの出した適当なおかずをつまみ、何が面白いのかわからない会話でゲラゲラ笑い、論じ、けなし、ビールを飲む。小さいグラスに何度も瓶ビールを傾ける。なぁおっちゃん、そんな面倒くさいことせんと大きいコップに注いだらええんちゃうの？　ほんまわかってへんなガキは。あのな、注ぐ行為も引っくるめて酒やんけ。

そうやっていつもおっさんはちょっとウザかった。おっさんが来ると、普段家族それぞれが座っている夕食時の定位置を変更しなければいけない。別にそれほど場所にこだわりもないけどさ、なんでおっさんが最初に座るところ選べるねん。不満を言ってもしょうがない、どんなおっさんも立場は立派な客人なのだった。

おっさん①相楽《さがら》のおっちゃん

相楽のおっちゃんは週2回程のペースで我が家に来ていたレギュラーのおっさんだ。日焼けした肌に口ひげを蓄《たくわ》え、白いキャスケットをかぶり、くたびれたセカンドバッグを小脇に抱えていた。めちゃくちゃ胡散《うさん》くさかった。

レギュラーなのでもちろんインターホンも鳴らさない。フラッとやってきては、挨拶もなしにドカッと座る。そしてバカみたいに大きい声で喋る。それも酒が回ってくるにつれてどんどん大きくなるのではなく、シラフで話す1音目からしっかり大きい。

親父に相楽のおっちゃんとの関係性を聞くと、「飲み屋で会《お》うた」とだけ言った。飲み屋で知り合っただけのおっさんがなぜ我が家の常連になるのか謎だった。「高頻度の訪問」の必要条件には、「たくさんの共通の思い出や絆があること」という項目はないのか。たまに親父の帰宅よりも先に相楽のおっちゃんが来ることもあったが、気まずさなんぞは微塵《みじん》も見せず、料理を作るおかんの背中に向かって延々と喋り続けていた。

相楽のおっちゃんが来ると、テレビの音が聞こえなくなるのがたまらない。うちにはテレビが1台しかなかったから、見たい番組と相楽のおっちゃんの来訪の時間が重なったときは最悪だった。

兄ちゃんと二人で大急ぎでごはんを食べ、テレビのすぐ前に座ってボリュームを上げる。当てつけのつもりだったが、おっちゃんは「そんな近くで見たら目ぇ悪なるぞ〜」と言うばかりで気づいてくれず、結果ボリュームはどこまでも大きくなる。そのうちおかんが「やかましい！」と怒り、おっちゃんが「言われてんぞ〜」と笑い、私が「だって聞こえへんねんもん！」と喚《わめ》く。ゲッツーのようなテンポの良い一連の会話が毎回懲りずに行われた。相楽のおっちゃんはデリカシーがまるでなく、私が思春期にさしかかった頃には平気で「愛子なんやお前、化粧とかして色気づいて。男できたんか〜」と聞いてきた。今の時代なら一発アウトの、快活なセクハラだ。おかんが「こう見えて相楽さんは、大学教授なんやで」と言ったが、なんの挽回にもならなかった。私の脳に「大学教授にロクな奴はいない」が刻み込まれた。

おっさん②金山《かなやま》のおっちゃん

金山のおっちゃんは単独来訪はほとんどなく、たいてい相楽のおっちゃんとセットでやって来た。大人になって「バーター」という言葉を覚えたとき真っ先に浮かんだのがこのおっちゃんだった。

金山のおっちゃんも「飲み屋で会うた」のカテゴリーだったが、相楽のおっちゃんのようないかがわしさはなく、ロマンスグレーの髪に顔もハンサムで好感が持てた。何より、いくら酒に酔ってもずっと姿勢が良かった。

相楽のおっちゃんが芸能人の美醜についてあーだこーだ言っていると鬱陶しかったが、金山のおっちゃんが同じようなことを言っても「それにしても姿勢ええなあ」と思った。姿勢は人の印象を大きく左右するらしい。家族の有無も職業も知らなかったが、あんなに姿勢が良い人は、きっと立派な仕事をしている素敵なおじさんなんだろうなあと想像していた。

ある夜、玄関の外から「お〜い」という聞き慣れた声が聞こえた。親父と兄ちゃんと外に出て行ってみると、金山のおっちゃんがうちの前に移動式屋台を引っ張って来ていた。

家の前の狭い道にドーンとあらわれたボロボロの乗り物の中で、金山のおっちゃんが「ラーメン屋始めて〜ん‼　ええやろ〜！　イエ〜イ‼」とはしゃいでいた。兄ちゃんは「おっちゃんすげ〜！　俺も乗せて〜！」と目を輝かせていた。親父は「こんな路地まで持ってくんなや！」と笑っていた。遅れて出てきたおかんは「アホちゃうか」と言い捨て、すぐに家の中に戻っていった。私もテンションは上がったが、内心「やばい人やったやばい人やったやばい人やった」という思いがぐるぐる駆け巡っていた。姿勢の良さはなんの判断基準にもならないのだと気づいた。

おっさん③松井のおっちゃん

松井のおっちゃんはおかんの勤め先である酒屋の息子で、うちに来るたびにおかんに怒られていた。飛び出たお腹に、万年赤ら顔。朝でも昼でも酒の匂いをプンプンさせていた。見るからにだらしない生活を送っていそうな松井のおっちゃんに、おかんは「店の手伝いもせんとほんまに」とか「どこほっつき歩いてんねん」と呆れていたが、子どもの私にはとても優しかった。会うたびに「これでジュース買い〜な」とお小遣いをくれた。それが1000円でも3000円でも必ず「ジュース買い〜な」と言ったので、多分アホなんやろうなと思っていた。それでもおっちゃんが好きだったから、お金を受け取った私は喉が渇いていなくても必ず1本はジュースを買った。

松井のおっちゃんはうちでお酒を飲んでいると必ずぐでんぐでんになる。そして誰かが喋っている途中で帰る。どのタイミングで帰ってんねん、といつも気持ち悪かった。顔つきも、来たときは笑顔なのに、比べものにならないほど無表情になる。なんで人の家に来といて最後そんな顔なんねん、と思った。松井のおっちゃんは多分、肉体よりも魂が先に帰宅してしまうのだ。だからおかんが玄関まで見送りに出るときにはもう、自分の家でしかしてはいけないような魂の抜けた顔になっている。

一度帰り際に、ポケットの中からラップにくるまれたおにぎりを渡されたことがあった。「なにこれ?」「これ阪神の伊良部が握ったおにぎり、あげるわ」どういう事やねん、と思った。なんで持ってんねん。ほんでなんで私にくれんねん。いや食べるわけないやろ。どういうボケやねん。松井のおっちゃんといるとき、私はずっと頭の中でツッコんでいた。

その後ほどなくして、松井のおっちゃんは警察に捕まった。おかんに「おっちゃん何したん？」と聞いても「アホや」としか言わなかった。アホやったら警察に捕まるんや、やっぱり勉強はしとかなあかんな、と思った。

おっさん④あんそのおっちゃん。本名・朴安錫《パクアンソ》

あんそのおっちゃんはスーパーレアおっちゃんで、私は2、3回しか会ったことがない。けれどインパクトは強烈だった。うちに来てから帰るまで、終始ニコニコと笑っていた。挨拶をするときに子どもに笑顔を向ける大人は多いが、あんそのおっちゃんは本当にずっと笑っていて、根本的な生き方が人とは違うような気がした。そしてどこかのアパートの「○○荘」とマジックで書かれた便所用スリッパを履いていた。

タダ者ではない雰囲気が漂っていたが、あんそのおっちゃんが来たときが親父もおかんも一番嬉しそうだった。親父に「おっちゃんって何者なん？」と聞いても「憎まれへん奴や」と返ってきた。おっちゃんは数年前に亡くなったが、その訃報は思いがけずネットの記事で知った。そこには映画「パッチギ！」に出てくる喧嘩がすこぶる強いキャラクターのモチーフになっていた、と書かれていた。やっぱりタダ者ではなかった。

おっさん⑤上田のおっちゃん

上田のおっちゃんは親父の中学の同級生かつ一緒にバンドをしている仲間だ。バンドマンといっても、仕事は工務店の社長をしているらしく、一番まともな人だった。親父に誘われてライブを観に行ったときも、上田のおっちゃんの歌の上手さよりも、曲間のハキハキとしたトークのほうが印象に残った。

うちに遊びに来たとき、上田のおっちゃんは玄関にかかっている木の表札を無理やり取り外すというボケをしてきたことがあった。親父はその後1週間ずっと「あれ面白かったな～」と笑っていたが、私は「そんなおもろいか？」と思っていた。受けた衝撃の度合いで言うと、金山のおっちゃんの屋台やあんそのおっちゃんの便所のスリッパの方が上だった。私には上田のおっちゃんのボケは、真面目な課長が宴会で頑張ってふざけているあの感じに見えた。それでも同級生同士のノリに水を差すのは野暮だと思い、何も言わなかった。

「二人が面白いと思っていればそれでいい」という場面を見たことは、もしかすると私がコンビを組んでしばらくお客さんの前で苦戦したことの遠因になっていたかもしれない。

力みのない両親の社交性ゆえに、うちに来るおっさんの手土産はみんな「アホ」だった。アホを持ってきて「アホやなあ」と笑っていた。会話の内容なんてほとんどわからなかったけれど、物事を笑えるということが、生活を豊かにする近道なのだと知った。おっさんたちもおそらく、日々の中で笑えない悩みや葛藤を抱えていたに違いない。それでもうちに来るおっさんはいつでも明るくアホをやった。

子ども時代にその光景を見聞きしていただけで、私は随分生きやすかった。社会に出て、正しさを軸に物事を堅苦しく判断してしまいそうになったとき、いつもおっさんたちのことを思い出す。

最近実家に帰っても、どのおっさんもやっては来ない。親父に尋ねる。

「相楽のおっちゃん元気？」

「あ〜知らん」

年老いたおっさんは淡白だ。

人生の燻《くゆ》らし方を教えてくれたおっさんたちが、記憶の中で酒にまみれて笑っている。

ポケットの碁石

山坂三丁目はグレー、おとな色の町だ。

白とみどりの市営バスに乗って、じいちゃんの囲碁教室がある山坂三丁目へ行くのは冒険だった。何と言ってもコークガイ。習いごとへ通うなどの例外を除き、うちの学校は子どもだけで学区の外、つまり校区外へ行くのは禁止されていた。とびきりのやんちゃくれを除き、どんな高速自転車ライダーもみんな律儀にそのルールを守っていた。

母親の付き添いなしで教室へ行くことになった初日、私は受け取った往復の運賃200円をポケットにしまい、バス停までの道中に何度も手を突っ込んでその冷やこい表面をなぞって存在を確かめた。これはコークガイへの許可証であり、バス代以上の価値を持っている。そして私はコークガイへ行く資格がある。だってこれから、碁を打つんやから。

スタート地点は、まだできて間もないスーパー「ＬＩＦＥ」の前にあるバス停。店先の駐輪スペースに収まりきらない数の自転車が、前も後ろも関係なく歩道にはみ出して停められている。今の私であればきっと「やれやれ、ほんま大阪は」などと言ってその無秩序を嘆いただろうけど、これからコークガイへ旅立つ冒険者にとっては、出発を盛り上げるための賑やかな風景だ。乱雑な自転車の隙間をクイクイとすり抜け、私はバスを待つ無表情の大人たちの列に並んだ。

すぐ前の「口紅一点集中型」の化粧をしたおばちゃんが、振り返って私に笑顔を向けた。この笑顔は子どもの大好物、「こんな小さいのに一人でバス乗るやなんてお利口やねぇ」のやつだ。私はあごを上げて得意げな顔をつくり、心では貪欲に「あのな口紅のおばちゃん、バスに乗るだけちゃうねんで、私これからコークガイで碁も打つねん、だからもっと大げさに感心してくれていいねんで」と思っていた。

けれどその赤い笑顔は一瞬で消え去り、まだまだ私に注いでほしい視線は、次に到着するバスの現在地を示すオレンジ色のランプに奪われた。ちぇ、と思いながら、おばちゃんにつられて覗き込んだ表示ランプは、一つ前のバス停の名前の横で点滅していて、後ろを向くと存在感たっぷりのバスがこちらへ近づいてくるのが見えた。バスはいつだって、突然あらわれるから不思議だった。

胸さえ高鳴っていれば、「いざ」という言葉を知らなくても子どもの足は大きく上がる。大げさな音を鳴らして開いたドアから、大人たちに続いて高い車体に飛び乗り、母親の「降りるときにお金払うねんで」を頭の中でリフレインさせた。

本当なら後ろの広い席に座ってバス全体を見渡し、目に入る乗客ごと楽しみたいところだけど、不安な気持ちがわずかに勝り、何かあったときにすぐ運転手に声をかけられるよう、運転席のすぐ後ろの席に座った。

バスは短い間隔で、さらに想像していたよりも多くの停留所に停まった。「次は万代東二丁目〜万代東二丁目〜」「阪南町五丁目〜阪南町五丁目〜」次々と繰り出されるやる気のない運転手の「丁目攻撃」に、私はだんだんと落ちつかなくなる。丁目、多いな。降りなあかん停留所は、三丁目、やったっけ？　三丁目やんな？　もしかして、山坂って三丁目の他にもあるんかな……。

外に目をやると、母親に自転車で送ってもらうときに通る道とは違うルートで、さらに鼓動は激しくなる。ギャンブルで当たりが出るのを願うように、「来て、お願い、山坂三丁目、山坂三丁目」と頭の中で懇願し、次の停留所表示をじっと見つめた。手のひらに汗をかいた右手で、ポケットの中の１００円を1枚、中指と人差し指で碁石のように挟む。それをもう1枚の１００円に押し当てると、カチッと小さく音がする。カチッ、カチッ、カチッ。何度鳴らしてもバスは全然着かない。

どうしよう、乗るバス間違えたんかな、そういえば乗る前に行き先確認せえへんかった、どうしよ、教室に行く時間にも間に合わんし、知らん町で降ろされても、どうやって帰ればいいんやろ、運転手さんに言おうか、なんて言お、言ったら怒られるかな、どうしよどうしよ。パニックで今にも泣きそうになったところに、見慣れた灰色の建物が目に入ってきて、私は思わず立ち上がった。広がった安堵の気持ちに「山坂三丁目〜山坂三丁目〜」と「次、停まります」の機械的な声が重なって、私の20分ばかりの冒険は無事に終わりを告げた。

これほどのドキドキを経て、ようやくたどり着いた囲碁教室。「一人でよう来たな〜」とねぎらってほしかったのに、先生であるじいちゃんは3人の生徒を相手にフルマックス対局しているところで、入ってきた私に全く気づかなかった。

じいちゃんと似たような年齢の大野さんが、誰かと対局を終えたばかりらしく、茶を飲みながら「こんにちは」と声をかけてくれた。大野さんはじいちゃんと同じ段位五段の強者で、さらに物静かな人だったので普段は近寄りがたかったが、大冒険の後の「こんにちは」は毛布のように優しく、私は危うく、親しくもないこのバーコード頭の老人に「大野さ〜ん」と抱きつきそうになるのをこらえなければいけなかった。

囲碁は通常、強いほうが白石で打つ。じいちゃんは目の前の3つの碁盤全てで白石を使いながら、「今のは良い手ですね〜」「どこか見落としてないですか？」と、黒石の生徒それぞれに対して指導していた。ほどなくして、そのうちの一人の生徒が「参りました」と言い、軽い感想戦を終えた後で、じゃらじゃらと碁盤の上の石を片付けて席を立った。じいちゃんは私に向かって、「次、打つか」と声をかけた。

シートに温かさが残る空いたばかりのパイプ椅子に座りじいちゃんと向き合うと、条件反射的に背筋がしゃんと伸びる。そしてかなり格上の人に手合わせしてもらう時のハンデである9つの黒石を、碁盤の上の「星」と呼ばれる黒点の上に置いた。

「お願いします」とお互いに頭を下げた直後のじいちゃんの一手目は、いつも寸分の迷いもない。まだ私が8つ分も勝っているのに、たった一手であっても置かれた白石の存在感は凄まじかった。早くも、「今日もボコボコにされるんやろうな」という気配がその一つの白石から、とてつもなく漂ってくるのである。

人によってさまざまな打ち方があるが、じいちゃんは指が碁盤に触れる直前に、一度ふわっと浮かせてから打つのが癖だった。その手つきがたまらなく優雅でカッコよく、私はじいちゃん以外の人と対局する時によくその真似をしようとしたが、毎回そこで指から滑らせて石を落とし、相手にめちゃくちゃ嫌な顔をされた。

対局中のじいちゃんは、自分が打つとすぐに隣の生徒さんの碁盤のほうを向く。ある程度の能力がある人は、じいちゃんに熟考してもらえるので自分の碁盤での滞在時間は長い。しかし私は弱小なので、碁盤を見て2秒ほどですぐに打ち返され、また別の生徒にじいちゃんを渡してしまう。本妻の元へ帰っていく男を引き止める不倫相手さながらに、私はじいちゃんに少しでも長くいてもらうよう、頭をひねって慎重に一手を打った。

しかし自分の番が終わると、あとは隣の盤から帰ってきてもらうのを待つしかない。その間は、次の一手を考えて先を読むように教えられていたが、子どもにそんな集中力があるはずもなく、私はじいちゃんのまゆ毛ばかりを見ていた。

白髪と黒髪が混じり合うグレーのまゆ毛はひょろひょろと伸び、その年季のはいり具合は、計り知れない人生の長さを思わせた。白石を持つ前の黒石のじいちゃんは、どんな風に悔しがったのだろうか。じいちゃんは、いつからじいちゃんなのだろうか。幼稚園の頃、小さな私が碁盤の前でちょこんと正座するだけで、なぜあんなに目を細めて喜んでいたのだろうか。

ぼーっとしている私に「ほら、碁盤見て考えなさい」と注意するじいちゃんはこちらへ戻ってくるたび、また私の目の前を白く染めていくのだった。

19時、「ほな、愛子今から出るさかい」と母親に電話を入れるじいちゃんの後ろで帰り支度をし、他の生徒にやけに恭《うやうや》しく挨拶をして教室を後にした。すでに暗くなった道を歩いてバス停に向かいながら、帰り際にもらったチョコレートを頬張る。碁を打った後のチョコレートはいつもよりも甘く感じた。


10分ほど待ったが、バスはなかなかやって来なかった。人気《ひとけ》のないベンチに座ってウトウトしかけた頃、音を立てずに目の前に色のないバスが到着した。私は吸い込まれるようにその不気味なバスに乗り込んだ。

車内は薄暗く、乗客は一人も乗っていなかった。来たときと同じように運転席のすぐ後ろの席に座り、停留所表示板を見たが靄《もや》がかかってよく見えず、私は自分の席から、「これはどこに行きますか？」と運転手に声をかけた。

運転手は黙って前を見たまま、左手で運賃を入れる場所を指差した。私は、帰りのバスは先払いだったのかと慌ててポケットに手を入れると、持ってきたはずの100円玉はなく、代わりに白石がひとつだけ入っていた。黒石に比べ、表面がつるつるしていた。

家に持って帰って飾りたいと思ったけど、私は仕方なく立ち上がって、運賃の代わりにそのキレイな白石を投入した。コンコンコンと白石が中に入っていく音が止むと、やがてバスは静かに出発した。

どこに向かっているのか、何もわからなかった。席に戻って窓から夜の町を眺め、昼間の色彩を思い出しながら、もう二度と子どもには戻れないだろうと思った。

中華にまつわるエトセトラ

私の人生は中華とともにある。なんの因果だろうか。

我が家の出前といえば近所の中華料理屋「飛雲《ひうん》」。

夜遅く仕事から帰ってきたおかんが疲れた顔で「今日ごはんようせん」と言うと、兄ちゃんと私は大喜びだった。今考えると、晩ごはんを作る気力もないほど疲労が溜まっていることについて少しは労《ねぎら》うべきだったが、当時はおかんの「キョウゴハンヨウセン」は出前を呼び寄せる嬉しい呪文でしかなく、続けて親父が「飛雲に電話せえ」と言うやいなや、私たち兄妹は我先にと厚紙のチラシを開いて、干からびているおかんを横目に、漢字が並ぶメニューの中から完成図が想像できる料理を注文した。

「飛雲」はその名前に反して、出前が届くのが驚くほど遅い。お腹が減り家族全員がうっすら機嫌が悪くなった頃に、ようやく玄関から「おっまったせしまっした〜〜〜！！！」とスタッカートが多い陽気な声と勢いよく戸が開く音が聞こえる。地域の人から好かれるそのおじさんの明るさは嫌いではなかったが、私はどこかその余力に違和感を覚えていた。もちろんおじさんの「お待たせしました」からは、待たせたことを自覚していることが窺えるのだが、「その明るさ出せる余裕あるってことは、あんまり急いで来《け》えへんかったな？」という思いがちらっとかすめるのである。そしてこれも口には出さなかったけれど、「いつも勝手に戸を開けてるやんな？」と思っていた。

しかしそんな邪念は、おじさんが岡持ちの銀色の蓋を縦にスライドした瞬間に消える。三和土《たたき》に片膝をついて、私たちが待ちわびたラーメンや酢豚を笑顔で取り出すおじさんの所作は、制服の白さもあいまって神聖さすら感じさせた。私はトレーナーの袖を指の先まで伸ばして熱くなった器を受け取り、すり足で丁寧に居間まで運ぶ。そしておじさんはお会計を済ますと、また陽気に「まいど〜〜っ」と言ってのんびりと帰っていった。

次の出前もあるんやからちょっとぐらい急いだほうがええやろ、とは、すでに箸を持っている私は微塵《みじん》も思わない。そして飛雲の酢豚は、世界一美味しかった。

思春期の中華は、高校3年の冬。ろくな思い出じゃない。

商業高校であったためクラスの大半は就職を選択したが、私を含む進学を希望する数人の生徒は、みんな推薦入試を受ける。しかし授業料が比較的安い市立大学へ行くには、評定平均の他にいくつかの簿記検定を持っていることが条件になっていた。私はそれらの試験にことごとく落ちたため、検定なしでも行ける私立大学に進学が決まった。

さて、そうなると入学金である。市立大学を受けられないことが決まったときのあからさまな「なんやねんもう」感から、うちの財政ではかなりきびしいことは分かっていたが、両親からは「おめでとう」以外の言葉を言われなかったので、何とかなったのだろうと思っていた。しかし実際には笑ってしまうほど何ともなっていなかった。

雲ひとつなく晴れた土曜日、親父から「愛子、ちょっと行こか」と言われ、外に出た。ピクニックにでも向かうような軽い足取りで「ほな今からお金借りに行くで」とすたすた歩き出した親父は、驚いている私に「むこう着いたら、健気《けなげ》な苦学生みたいな顔しとけ」という大ざっぱな指示を与えた。「それどんな顔なん」と聞いたら、「蛍の光で勉強してそうな顔やんけ」とますます意味がわからない事を言われた。

訪れた大阪・中之島の高層ビルのオフィスで、「加納さんにはお世話になりましたから」と微笑むその人は、どういうコミュニティの後輩だったのか推測することはできなかったが、とても爽やかな人だった。私は眉に力を入れて自分なりの「健気な苦学生顔」を作り、大人同士の会話を無言で聞いていたが、途中で私の顔を一瞬だけ見た親父は、明らかに笑いをこらえた顔をしていた。いやそっちが顔作っとけって言ったくせに、とめちゃくちゃ腹が立ったが、親父も親父で「俺はこんなんやけど、こいつには大学ちゃんと行って好きなことやらせてやりたくてなぁ」と、こちらも柄ではない「健気親父」の演出を頑張っていたので、私も我慢して1時間ほどその三文芝居を続けた。

なんとかお金を借りることに成功し、「勉強して偉くなって、お父さんラクさせたってね」と私の肩を叩くその人に深々とお辞儀をして、父娘は酸素を求めるようにエレベーターに乗り込んだ。

ドアが閉まって降下し始めた瞬間、親父はようやく息をつけたことに安堵したのか、「いや〜あいつええ奴やな〜」と明らかに間違えた第一声を出した。緊張から解放された私は、次から次に色んな感情が押し寄せてきて、「なんやねん!!!」とキレたが、親父は意に介さず、１階に着くと「よし、中華食うか！」と楽しそうに言った。

文句は山ほどあったが、中華の誘いは「食うけど！」で返してしまう自分が情けない。結局、客のいないガラガラの中華料理屋で、一仕事を終えたかのごとく美味しそうにビールを飲む親父を呆れて見ながら、油でギトギトの回鍋肉《ホイコーロー》を食べた。なんの味もしなかった。

話すべきことはいくらでもあるはずなのに、親父は「中之島いつぶりやろな〜中央公会堂、外観変わっとったな」と絶対しなくていい土地トークを始め、しまいには酒が回って「松島や」のテンションで「中之島　ああ中之島　中之島」と詠みだしたので、「なんやこいつ」以外の感情は一切なくなった。


なんとか始まった大学生活では、中華はごちそうに変わった。

間に合わせの苦学生顔で得た学生生活だったが、家賃３万５０００円の安いアパートで一人暮らしをはじめてからは、学業そっちのけで複数の飲食店バイトとサークル活動に明け暮れた。憧れの映画サークルに入ったが、実際は撮影費や機材費など思った以上にお金がかかり、切り詰められるのは食費だけという状況だった。お昼はサークルの先輩が教えてくれた「25弁当」と呼ばれる彩りが皆無の２５０円弁当を、キャンパスから10分ほど歩いた路地にある怪しげな店にみんなで買いに行った。夜は近くのスーパーで売っている3個入り100円のコロッケを晩ごはんにした。

しかし持つべきものはやはりフランチャイズのコンビニで働く友達だ。サークルの同期でみんなからチャーと呼ばれる気のいい友達がすぐ下の階に住んでいて、近くのセブンイレブンで週3回バイトをしていた。チャーは仲良くなると、コンビニの夜勤を終えた朝方に、私のポストに廃棄で持って帰ってきた食べ物を入れてくれるようになった。私は起きてすぐにポストを開けに行き、「やった～今日はおかず系のパン～」「うわ～肉と野菜のバランス最強のお弁当～」などと喜んでいるのを、新聞配達のお兄さんに白い目で見られたりした。

そして毎月給料日になると、チャーと一緒に駅前の中華料理を食べに行った。有名店でも人気店でもなかったが、私たちは外食できることが嬉しく「中華うっま！！！」「え、中華ってこんな美味しかったっけ!?」「中華中華中華！！！」「中華最高!!」と、食べてる間じゅうずっと他国の名前を連呼し続けた。食べ終わって二人で部屋に戻ると、チャーは苦味のないやさしいホットコーヒーを淹れてくれた。「私らみたいにさ、今も海外のどっかの日本料理屋でさ、ニホンニホンニホンって言いながら天ぷら頬張る学生っておるんかな～」「そうやなぁ、おるかも知らへんなぁ」チャーはいつも私のバカみたいな想像にニコニコ笑って付き合ってくれて、どんな言葉も否定しなかった。

後に分かったことだが、チャーは実家からある程度の仕送りをもらっており、あの頃はそこまで貧窮していなかった。もしかしたら異常なほど嬉しそうに酸辣湯麵《サンラータンメン》を食べる私に、無理やりテンションを合わせてくれていたのかもしれない。男女問わず友達の多いのも頷ける、本当に良い奴だった。

去年の年末、うちの会社の社長に食事に連れて行ってもらった。

いかにも高級そうなコース料理で、一品食べるごとに社長が上品な感想を言い、次の料理が出てくるまでに激励の言葉をかけられるという独特の流れが繰り返された。私は可愛がり甲斐のない部下丸出しで「はい」「そうですね」「美味しいです」「頑張ります」の4つで返事をしながら、名前のわからない料理をぎこちない手つきで口に運んだ。隣を見ると相方も同じように慣れない様子で必死に場に合わせていた。

気疲れする食事会だったが、お開きになる直前、私の目をまっすぐ見て「来年は、売れよう」と言った社長の言葉に、思わずグッと来てしまった。そうか、売れたらこういうお店にも平気な顔で来れるようになるんやな、頑張ろう、と思った矢先に、社長は「たまにはいいね、中華も」と言った。私は「そうですね」と返しながら、頭の中で「中華やったんかい！！！」と叫んで、ドラの音が一発鳴った。

あるいは、くーちゃんの思い出に寄せて

所属していた高校のバスケ部には、部員同士がコートネームで呼び合うという風習があった。コートネームは文字通り、練習中や試合中にコート上で使用する閉鎖的なニックネームである。先輩はその存在理由を「チームの仲間意識を高めるため」と言っていたが、顧問の先生もほとんど来ない市立の弱小チームが、一丁前にまわりの強豪校で使われているその習慣を真似ていたのも、なかなか滑稽なことだった。強いチームで飛び交うコートネームはカッコ良かったが、うちのコートネームは「そんなんつけてる暇あったら」臭がプンプンしていた。

部活後のミーティングはやたらと長く、試合中のベンチでも大声で応援させられたが、大会ではいつも2回戦あたりであっさり負けた。マネージャーは4人もいるが、

エースはいない。お揃いのジャージはあるが、意見は揃わない。なにかにつけて外側の演出だけがうまい、張りぼてのチームであった。

1年生は、2週間ほどの体験入部期間が終わり、晴れて正式な入部が決まると、正式な部員の証として3年生の先輩方からそれぞれコートネームをつけていただく。それを新入生は「光栄至極に存じます」といった表情でありがたく頂戴する。もちろん、それが「ん？」というようなものでも、誰も文句は言えない。まだ4月、同級生部員の名前も覚えていない段階で、普段のあだ名、コートネーム、さらに先輩の本名とコートネームを一気に覚えなければならず、私ははじめて名前の波に溺れかけるという春を過ごした。

しかも、コートネームは必ず漢字1文字でなければならないという我が部ならではのルールがあり、本人のキャラクターと合っていないものが多かった。

「下元《しももと》祐希《ゆうき》」は、苗字の真ん中の読みをとってコートネーム「桃（モモ）」。日焼けした肌に短髪のボーイッシュな見た目の彼女は、中学から同じだった友達には「しもちゃん」と呼ばれていて、甘く、柔らかで可愛らしいピンクの果実のイメージとは程遠かった。「笹井《ささい》理江《りえ》」は、名前の「り」だけをとって「凜（リン）」と名付けられたが、学校一姿勢が悪かった。さらには相手チームのディフェンスに睨みながら体当たりするような血の気の多い奴だったので、人間性としての「凜」度もゼロであった。彼女の「審判にバレないようにうまく相手のユニフォームを引っ張る方法」を私にレクチャーしている時の目の輝きは尋常ではなかった。

「宮本唯《みやもとゆい》」は、大声で話す粗雑さや駄菓子ばかり食べていそうなその間抜けな雰囲気だけで「安（ヤス）」とつけられた。これにいたってはもうただの悪口である。そこそこのお金持ちの家に生まれた彼女は、部活を引退する3年の秋にも「ほんで、なんでヤスやってん」と改めて口にするぐらい、ずっと自分のコートネームに疑問を覚えていたようだ。

私はというと、特別足が速いわけではなかったが、比較的持久力があったために「走」とつけられた。漢字は良かった。問題は読み方で、よりによって「ラム」だった。これは事件であった。

「ラ、ラムですか？」私は思わず3年生のキャプテンに聞き返した。キャプテンは真面目な顔で「うん、走と書いてラムな。ソウは2年に爽がおるし、ランやとリンがおってややこしいから」と言った。

意味が分かるような分からないような説明だったが、漢字を最初に決めたことだけは伝わった。それにしても、部活中だけとはいえ「ラム」として過ごすのは、あまりにも恥ずかしかった。みんなのコートネームは名前の範疇を出ていないのに、私だけラム。アニメに出てくるトラ縞ビキニの女の子？　バカ強い酒？　羊肉？　どれ？　どれにしてもキツい。この先チームメイトから「ラム！」と呼ばれながらパスをもらうことになるのか。ゴールを決めるたびにベンチから「ラム！　ナイスシュート！」と声援を送られるのか。考えただけで顔から火が出そうだった。

けれども、私の心配は杞憂に終わった。「ラム」は呼ぶ側にも恥ずかしい思いをさせる不思議な力があるようで、名付け親である3年生の先輩が引退して1年生が試合に出られるようになってからは、コート上でもクラスメイトと同じく「あいこ」と下の名前で呼ばれるようになった。そのおかげで、求められかけていた「〜だっちゃ」と返事するノリも、ジンギスカンの歌を歌うノリも、なんとか部内に蔓延する前に食い止めることができた。

一つ上の2年生は、3年生と違って冷めた人が多く、「桃」も「凜」も使わず普通に「祐希」「理江」と呼んでいた。活動も徐々に実力に見合った内容に変わっていき、朝練は任意、ミーティングは必要に応じて行い、時間は30分以内、といった快適な環境へと変わっていった。

他校の男子生徒との恋愛に忙しい新キャプテンは、12月のミーティングで「12月24

日と25日、どっちが休みがいい？」という嘘みたいな多数決を取り、女子高生にとって大切なクリスマスと後輩人気をしっかり両立させていた。

そうやって徐々に影が薄くなっていったコートネーム文化だったが、一人だけ、私のことを「ラムちゃん」と呼び続けた子がいた。

その子はみんなから「くーちゃん」と呼ばれていた。「沢村久織《さわむらくおり》」でコートネームは「久（クウ）」。めずらしく元々のあだ名とコートネームが一致している子で、「くーちゃん」と呼ばれるにふさわしい、とても可愛らしい見た目をしていた。華奢な腕にすべすべの肌、サラサラな髪に、くりくりの目。そして甘えるようなゆっくりとした話し方。バスケ部とは思えない透明感の持ち主で、私も含めみんなくーちゃんを構いたがった。お昼ごはんには豆腐そうめんやヨーグルトのような軽いものばかり食べていたので、「もっと食べなあかんで」「力でえへんで」と、口々におせっかいを焼いた。くーちゃんの体はとても細くて、体格のいい相手にはぶつかってすぐ吹っ飛ばされていたので、レギュラーになることはなかった。けれどランニングはチームで一番速く、トレーニングで校舎の外周を走る時は、私はくーちゃんの背中を追いかけながら走った。気づけばいつも、くーちゃんを見ていた。

ある時、私が買ったスニーカーがたまたまくーちゃんと被ったことがあった。ルコックの白いハイカットで、内側に赤の鶏のロゴマークが描いてあった。廊下ですれ違った時、私の足元を見て、「あ〜ラムちゃんと鳥の靴かぶった〜」と言って、くちびるを尖らせた。その顔があまりにもかわいくて、私は大人になってからもハイカットの靴を履くたびにくーちゃんの表情を思い出した。

高校2年の夏、くーちゃんは突然いなくなった。

本当に突然だった。体調が良くないからと何日か続けて学校を休んだ後、くーちゃんと同じクラスの子から「どうやら学校を辞めたらしい」と聞かされた。誰に聞いても、どこへ行ったのか、なぜ辞めたのか、知っている子はいなかった。

みんな心のどこかで「自分が原因ということはないよな?」と考えていた。部員の間でも「何か前兆はなかったか」を話し合ったが、なんの意味もなかった。部活内で常に中心にいて、アイドルのような存在だったくーちゃんを失った事実を、どう受け入れたらいいのかわからなかった。

私は、ルコックのハイカットを履かなくなった。秋になって、どこからの情報なのか、どうやらくーちゃんは家庭環境のストレスから摂食障害になっていたと聞いた。

食べては吐き、食べては吐きを繰り返す。そして短期間に暴食をしてしまうターンに入ると、急激に太る。多感な年齢の女の子にとって、見た目の大きな変化が他人の目に晒されることに耐えられなかったのだろう。私が憧れたその可愛さは、本人が消えたことで記憶の中で守られた。

一つ上の先輩が引退して、理江がキャプテンになった。大学生になったかつての3年生が訪れた際、「くーの代が仕切るようになったか〜早いなあ」と言った。くーちゃんがいなくなっても、やはり私たちは「くーちゃんの学年」だった。

私はランニングで一番先頭になったが、見えないくーちゃんの背中をずっと追いかけていった。

大学3年のとき、くーちゃんと連絡がついた。私はすぐに会いに行き、喫茶店でいろんな話をした。当時は家に居場所がなかったこと、高校をやめて一人で北海道に向かったこと、旅館で住み込みで働いていたこと、現地でできた友達と大泉洋の評価について喧嘩になったこと、今は大阪で語学の専門学校に行っていること。

4年ぶりに会ったくーちゃんは、時間の流れを感じさせないほど、変わらず可愛かった。話している間、私はくーちゃんのまつ毛を見ていた。そうだ、高校のときも、こうしてくーちゃんのまつ毛を見ていたな、と思った。くーちゃんは楽しそうに笑って「ラムは、全然変わらんよなぁ」と言った。私は「くーも変わらんで」と言った。私たちはコートの上のままで、「ちゃん」だけ脱いで、少しだけ大人になっていた。

9歳の衝撃

あれはいったい何曜日の出来事だっただろうか。平日の夕方、通っていたバスケ教室が休みの日だったから、おそらく月曜日か金曜日だ。居間の隅にあるくたびれたソファーには、いやに派手なセーターを着た親父がだらしなく座っていた。在宅ワーク（当時はそんな言葉はなかったかもしれない）の合間に、休憩がてら学校から帰ってきたばかりの私の話し相手をしていたのだと思う。

はっきり覚えてはいないが、おそらくその日も親父は焼いていない食パンを二つに折って、バカみたいに大きく開けた口につっこむという、いつものむかつく間食をしていたような気がする。その様子を見るたびに「焼けよ」「ジャムくらいつけろよ」「折るなよ」と思っていた。あの日もそうだった可能性はかなり高い。

インターネットで当時の関連記事を探してみると、１９９9年の1月とあった。となると私は小学4年生で、味方のいないクラスの中で、孤独な学校生活を送っていた頃だ。それまでにもクラスのリーダーに嫌がらせを受けた子は何人かいたが、私が標的のターンは他の子より少し長かった。「いじめられている」という事実を冷静に受け入れながらも、心に苦しさが溜まっていかないよう、頑張ってため息ばかり吐いていた。休み時間になるたび図書室へ駆け込み、本を開いて物語の世界に逃げた。「クラス替え早くこい」と祈るような気持ちを抱え、冬眠しているクマのようにじっと春を待ちわびていた。

まさかあの日が、そんな心も体も寒い冬の出来事だったなんて。それぞれの情景が頭の中でつながらなくて、とても不思議な感じがする。

22年前のあの日、私はテレビの前で小さな体を硬直させて、あまりの衝撃に耐えていた。

初めて味わう感覚だった。突然流れてきたタンゴ調の曲とチープなアニメーション。そこに、慣れ親しんだけんたろうお兄さんとあゆみお姉さんの歌声。な、なに？　なにこの曲？　私と親父は話すのをやめて画面に釘付けになった。曲が終わると、父娘は自然と顔を見合わせた。親父はニヤニヤ笑って「ええやん」と言った。

それは島田紳助の「ステキやん」のような深みを強調するトーンではなく、おかんが髪の毛を切って帰ってきたときに一応言ってあげる「似合ってるやん」のような、ライトで親しげなトーンだった。私は「なに今の、もっかい聴きたい！」と興奮したが、どうすることもできなかった。いてもたってもいられなくなり、立ち上がって家の中をウロウロした。今の時代なら携帯ですぐに検索して、知りたいという欲求を指先で解消できるが、当時はそうもいかない。なにか特別なものを見たような気がしたのに、時間が経つとどんどん記憶が曖昧になっていく。なんとしてでももう一度聴きたい。もう一度、あの3人を見たい。

それが、私と「だんご3兄弟」との出会いだった。

しかしその焦がれるような思いは、その後すぐにあっけなく叶えられた。猛烈に欲した「だんご3兄弟」はその年に社会現象を巻き起こし、1年中あらゆるところでこれでもかというほど耳にすることになる。

私が観たのはＮＨＫの「おかあさんといっしょ」という番組で、1月の「今月の歌」としてオンエアされていたようだった。「だんご3兄弟」は放送されるやいなや、ＮＨＫに問い合わせの電話が殺到したらしい。私と同じように、日本中の親子がテレビの前で「え！　なに今の！」と思ったということになる。

大人の「売れる前から知っていた」は、自慢話のスタンダードだろう。その一言で、自分が他者に比べていかにその分野にアンテナを張っているかを誇示することができる。その自慢はまわりの人間にとっては興味のない話であることが多いが、それでも我慢できずに話してしまうのが人間の性《さが》だ。

しかしあの頃の私はまだ、「みんなが知らない曲を知っている喜び」も「それを後からアピールする楽しさ」も知らなかった。私が「だんご3兄弟」に出会ってから社会的なブームになるまでは、ほんの1ヶ月、いやもしかしたらわずか1週間ぐらいの出来事だったのかもしれない。それでも私は嬉しかった。あの興奮が間違いではなかったことが。ただただだんごについて歌っただけの曲に魅了されてしまったのが、私だけではなかったことが。


歌い出しは、けんたろうお兄さんの低い声で「♪串にささって だんご だんご」と始まる。私はまずこの「串にささって」がめちゃくちゃ好きだ。「串にささった」でもなく「串にさされた」でもない、「串にささって だんご」。「ささった」や「さされた」であれば、「そのような状態であるだんごがですね……」と、物語の続きを期待させてしまう。しかし「串にささって　だんご」だと、「もちろんお気づきの方もいるかとは存じますが、やはり、串にささっているということで、だんごの体《てい》を成しているんですね～」という、はやくも、「この歌はだんごがだんごであることを言いたいだけで、きっとなにも起こらないんだろうな」という気配をしっかり感じさせてくれる。そして予想通り、この曲一番の大事件は「戸棚で寝すごして、硬くなってしまった」なのである。

1行目から「鉄板の上で焼かれて」というおそろしい言葉が出てくる「およげ！たいやきくん」とは大きく異なる。たいやきくんは店の主人と喧嘩し、海へ逃げ込んで、挙句の果てに食べられてしまうのだ。童謡なのに、なんて悲しい結末なんだろうと思う。一方だんごは歌い終わりまでしっかり3つとも残っている。そしてラストは「オ・レ！」みたいに「だんご！」と高らかに歌い上げて終わる。最高だ。実にあっぱれである。ちなみに私は「なにも起こらないくだらない曲」ならなんでも好きなわけではない。怪しげな前奏で壮大に振りかぶって「くる……何かが始まる……」と思わせておいて、「♪串にささって　だんご　だんご」で見事に裏切ってくるところがたまらないのだ。

とは言うものの、「好き」の理由を当時の私がこのように言語化できるわけはなかった。「タンゴ」と「だんご」でかかっているというくだらなさすら気づかずに、私は毎日「♪いちばん上は 長男 長男」と、だんごの兄弟構成を歌っていた。

頭の中がもちもちになっていた私は、リアルだんごを求め、お小遣いをもらって近所の商店街にあった老舗の和菓子屋に行った。ピンクと白とみどりのかわいい3色だんごに気を取られながらも、「♪しょうゆぬられて だんご だんご」の歌詞に忠実に、茶色いだんごを買った。あのだんごの味はまったく思い出せない。

同じバスケ教室に通うモリも、「だんご3兄弟」に激ハマりした子どもの一人だった。私とモリは、まわりの友達よりもはるかに、だんごだんごうるさかった。二人で歌割りを決めてそれぞれのパートを責任を持って歌ったし、後半の「♪一年とおしてだんご だんご」のところでは両手を広げて一緒にターンもした。いつまでも仲良く、だんごがだんごであることを伸びやかに歌っていくのだと思っていた。

「♪人生を悟る程〜かしこい人間ではない〜」

夏休みが明けて涼しくなった頃、バスケ終わりにモリが帰り支度をしながら他の友達と楽しそうに歌っていた。「その曲なに?」「ゆずの『少年』って曲! 今度の運動会で踊るねん」バスケ教室のみんなとは違う小学校に通っていたから、知らないのはその場で私一人だけだった。

「♪愛を語れる程～そんなに深くはない～」

少し前まで一緒にだんごを讃えていたのに、急に人生や愛だと言い出したモリが、とても遠くにいってしまったように感じた。それでも、私もみんなと一緒に歌えるようになりたくて、兄ちゃんにゆずのアルバムを借りて「少年」をたくさんリピートした。その頃から私とモリの会話は、ゆず一色になった。公園の地面に、日が暮れて見えなくなるまで、「夏色」「サヨナラバス」「いつか」「雨と泪」「手紙」などと、木の棒でゆずの曲名をいくつ書けるか勝負した。

ゆずは恋の甘酸っぱさや友情の素晴らしさや移ろう季節の美しさをたくさん教えてくれた。一方だんごは、何も教えてくれなかった。教えてくれなかったけど、中学生になって初めてゆずのコンサートに行ったときでさえ、あの日テレビの前で受けた衝撃を超えることはなかった。

「だんご3兄弟」をつくった人は、「流行にならなくていいから、長く歌い継がれる曲になってほしい」と願っていたという。創作活動をする身として、その気持ちは痛いほどわかる。

誰だって忘れられたくない。今日もどこかで口ずさんでほしい。人の心に残り続けたい。友達の子どもが「妖怪ウォッチ」を歌っているとき、甥っ子が「鬼滅の刃」を歌っているとき、ふと、幼い私がどうしていれば、彼らがだんごを歌う未来にできただろうかと、どうしようもないことを考えてしまう。

最高の仕事

ありふれた言葉だけれど、やはり人生にはさまざまな後悔がつきものだ。その感情をきちんと自分の中で受け止めているかどうかは別にして、どんな道を選んだとしても何ひとつ悔いることなく生きられている人はなかなかいない。

特に芸人という職業は、舞台の上では目の前の人たちを笑わせることに集中しているものだから、自分でも驚くほど狭い視界での言動をしてしまうことがある。お客さんの前では強気に振舞っていても、袖にはけた瞬間に「なんであんな事言ったんやろ」「あれも言えばよかった」と後悔に襲われることは日常茶飯事で、他のコンビを見てもたいてい楽屋に戻りながら「あそこごめん」「いや俺も」と移動式反省会を始めている。ウケた時はまだいいのだが、スベった場合は目も当てられない。相方に

「なんであんな事言ったん？」と言われても「いやそれは自分が一番思ってるから！」と理不尽に言い返す有様だ。さらに、その出番が決め打ちではないトークや企画コーナーならば、つい先ほどの自分を恥じるだけですむが、漫才やコントなどのネタがうまくいかなかった時は特につらい。ネタを書いた自分や稽古をした自分など、その日に至るまでのいろんな自分を一気に否定しなければならないのだ。そうしてひどい時には「やらなければよかった」まで行き着く。劇場では大勢のお客さんの前に立って自己顕示欲を満たしている一方で、毎日ジェットコースターのような自己肯定感急降下のリスクにさらされている。テレビで共演させてもらった大ベテランの先輩芸人も「後悔ばっかだよ」と嘆いていたから、これは今後も避けられない芸人の宿命なのかもしれない。

後悔で言えば、私が新人の頃によく思っていたのは「あと少し早く、18歳で芸人を始めていれば」というものである。

今でこそ同期のありがたさを実感したり、大学時代の経験を生かせる機会があるおかげで、この年齢と芸歴で良かったと思えるが、当時はそうはいかなかった。実力が伴っていないのに偉そうに説教してくる先輩に対して、生返事をしながらも、内心

「高卒で芸人始めとけばこいつをジュース買いにパシらせられたのに、くそ」と毒づいていた。芸人の世界では年齢や能力は関係なく、始めた時期で上下関係が決まるので、頭の中でその先輩が自分に敬語を使っているところを想像しては、有り得たかも知れない状況を進学によって逃したことを口惜しがった。今思えばきっとその先輩も、ろくに挨拶もしない生意気な私に対して「こんなやつの後輩じゃなくて良かった」と安堵していたにちがいない。

そんなわけで日々後悔はなくならないが、幸せなことに「芸人にならなければよかった」と思うことは今まで一度もなかった。これは私だけが特別にそう思っているわけではなく、まわりを見渡しても芸人になったこと自体を後悔している人はあまりいないように見える。

もちろんシビアな世界だから、ほとんどの人がこの仕事だけでは食べていけてはいないし、結果が出ない間は先が見えずに精神的につらいことも多い。それでもどうやら、芸人は芸人という生き方が好きすぎるようだ。だって、自分の言ったことで、見ている人達が笑うのだ。人を笑わせる以上に素晴らしい行為はない。だから芸人がこの世で一番最高な仕事だと信じてやまない。もはや芸人という職業に片思いしているといっても過言ではない。

漫才の大会であるＭ－１グランプリが始まった当初の参加規定で「結成10年以内」という項目があった理由が「芸人を辞める踏ん切りをつけさせるため」だというのも頷ける。なにかしらの節目がないと、こんな好きな仕事を自分から辞められるわけはないのだ。みんなできることとならずっと芸人を続けていきたい。成功するのはほんのわずかだとわかっていても、自分には芸人が天職なのだと思いたい。

私ももちろんそんな芸人の一人ではあるけれど、これまで10年間この仕事を続けてきて感じることがある。それは自分にとって、芸人が「天職なわけではない」ということである。こう書いてみると身も蓋もないが、実際いろんな芸人に出会うとわかる。芸人の中には、まるで生まれたときから芸人になることが決まっていたかのような、他の仕事に就いている姿が想像できないと思わせる、明らかに天職な奴がいる。売れている売れていないにかかわらず、そんな奴にはどうしたってかなわない。私は悲しいかな、あらゆる職場で働いている自分がたやすく想像できてしまう。ではなぜ芸人になることを選んだのか。それは性質ではなく環境によるところがとても大きかったと思う。

芸人を目指した要因の大部分は、高校時代の環境や経験にある気がする。

通っていた学校は大阪市立の商業高校で、私が入った商業科には男子生徒が3人しかいなかったため、ほとんど女子校のような状態だった。しかし真の女子校ではなく、商業高校であったのがミソだ。親が「かわいい我が子に変な虫がついたら大変」と言って入学させる箱入り娘だらけの私立女子校とは違い、親が「早くそろばんと簿記覚えて働かんかい」と言って放り込む高校だから、品性のかけらもなかった。そして生徒はなぜかうっすら自嘲的な雰囲気があり、誰かが耳にしたある有名歌手の「私の音楽は、商業高校行ってるような子には聞いて欲しくない」という発言を知っても「確かに〜!」とケラケラ笑える奴らばかりだった。

さらに、卒業したら近所にあるできるだけラクで福利厚生の整った職場で働きたいとしか考えていない生徒が多く、逆にその野心のなさによって、高校生活をラフに楽しみ尽くそうという空気もあったのかもしれない。高校生活は将来に向けたなにかの前段階ではなく、ただ高校生活であると捉えていたようだった。

思春期という一番異性を意識する年齢のはずである私たちは、教室内で驚くほど無敵だった。私が授業中におならをして「ごめん屁こいた」と言っただけでみんなむせるほど笑ってくれたし、休み時間に、誰かが黒板の横に置いてあるラジカセでシンディ・ローパーの「Time After Time」を流しはじめ、曲の間に各々おしゃべりをしながらも「Time After Time」の部分だけは全力で走って集まるという、わけのわからないノリに夢中になったりもした。とはいえ年頃の高校生の話題はもちろん恋愛が中心なわけで、例にもれず私たちも毎日そこかしこで色恋話に花を咲かせていたが、女だけの場ではそれはあまりにも開けっぴろげに行われた。クラスメイトの二人が教室の端と端で昨日の他校の男の子とのデートについて事細かに話しているのを、担任の先生が業を煮やして注意するときも「授業中に喋るな!」ではなく「そんな話聞かすな!」と内容の過激さに言及していた。クラスにいる3人の男子は、みんな揃ってまっすぐに板書された文字を見つめていた。

お調子者の私にとっては、そういった温室ともいうべき環境でぬくぬくと3年間を過ごしたことが、「この先もずっとこんな感じでアホみたいに過ごせたらええなあ」という感情を積み上げさせた。クラスには自分より面白い奴もいたし、自分より華があって人前に立つのにふさわしい奴もいた。しかし誰も芸人にならなかった。私だけが芸人になった。きっと少しだけ、自分自身に対する期待値がまわりの友達より大きかったのだ。そして何より、日常の中で交わされる意味をもたないやり取りに固執していた。誰の心にも一瞬しか咲かなかった言葉たちが私の中でだけ沈殿していき、取り出して遊びたいと思ったときには誰もいなくなっていた。

高校3年の卒業間近、友達数人で「これからうちら、どうなっていくんやろうなぁ」と不毛な感傷に浸っていたら、そこにいた沙希子《さきこ》が「卒業したら、両親が離婚する予定やねん」と打ち明けた。

沙希子の両親は彼女が中学生の頃からずっと会話がない冷めきった夫婦だったが、彼女の高校卒業までは別れずにお互い「子育ては最後までやりきった」としたいらしかった。沙希子はつとめて明るく話していたが、ボソッと漏らした「もう卒業せんとダブったろかな」が本音であると思った。それを聞いて、どう反応すればいいかわからず困惑している私たちの空気を察して、沙希子は「でもそうなったら一人だけジャージの色ちがうの耐えられへんか」と言った。するとその場にいた好美《よしみ》が「おい！」と大きい声を出した。好美は留年していて一つ年上であったので、みんなが赤いジャージを穿いている中で、平然と緑のジャージを穿いていた。その「おい！」の声で、私も他の友達も笑った。笑いながら、私は笑いの力を目の当たりにして、美しさと悔しさで泣きそうになった。その場を助けた「ジャージの色ちがうの耐えられへん」も「おい！」も、できることなら私が言いたかった。ぼーっとしてないで、自分の言葉で優しい沙希子を救いたかった。

今日もどこかに、沙希子のような子がいるかもしれない。

私は多くの後悔にまみれながらも、いつかの後悔に突き動かされるようにして、最高の仕事を続けていく。

帰りたくない

この歳にもなってまだそんなことを言っているのかと思われるだろうが、私は家に帰るのがめちゃくちゃ嫌いである。家で過ごしている分には問題ないが、一度外に出てしまうともう、とにもかくにも帰りたくない。なんなら小学生の頃から現在に至るまで、ほとんど毎日のように「なんで帰らなあかんねん」と思っている。もちろん今喫茶店でこの原稿を書いている19時半の時点(もうすぐ店を追い出される)でも思っている。

しかも困ったことに、これには「家族と不仲で居心地が悪い」「家が遠い」「部屋が散らかりすぎている」などといった明確な理由はなく、強いて言うなら「家に帰りたい欲が湧かない」という類《たぐい》の漠然としたものなので、どうしても解決策が見当たらない。同級生の友人はそろそろ我が子に門限を設定しはじめる頃だというのに、私は一日の仕事が終わった後も原付バイクに乗って東京の街をあてもなくドライブし、「この道の街灯、えらいオレンジ色やな」と思うだけのまったく無駄な時間を過ごしている。

最近ではもはや「この世の全32歳の中で家側に問題がないのに帰りたくないと一番強く思っているのは私だ」という自負すら芽生えている。どれだけ疲れていようが明日が朝早かろうが、私の帰りたくない気持ちはぶれることがない。これは大したものである。私からすれば、まわりの帰宅欲が異常なのだ。なぜそんなにみんな家に帰りたがるのだろうか。鳥なんてもっとおかしい。せっかく羽があってどこでも飛んでいけるのに、毎回丁寧に巣に戻ってくるなんてバカじゃないか。渡り鳥にわざわざ「渡り」とつけるのは変だ。渡り鳥こそが正しい姿なのだから、渡り鳥の事を「鳥」と呼び、巣を持つ愚かな鳥を「帰鳥《きどり》」と呼ぶべきなのだ。その理論でいうともちろん旅人が「人」で、毎日家に帰る人が「帰人《きびと》」である。この世は帰人で溢れている。

小学生や中学生の頃は、一緒に遊んでいる友達全員が「まだ帰りたくない」と思っていたから、私が「え〜もうこんな時間？」と駄々をこねても、必ず共感してくれた。公園の遊具に寝転がりながら「門限イヤやなぁ」とため息をつくと、みんな「イヤ

〜」「ほんまイヤ〜」と続けてくれた。そのうち誰かが「あ、今日HEY!HEY!HEY! ちゃう?」と、その日で一番ホットな番組名を挙げることによって、なんとか重い腰をあげることができた。あの頃は、テレビのバラエティが、私の足りていない帰宅欲をどうにか補塡してくれていたのだ。

なにも観たい番組がない日は、友達と銭湯に行った。3、4つの銭湯から「どの銭湯行く?」と話して決めるのも楽しかった。レギュラーは「ことぶき湯」で、水風呂がとにかく広く、他の同級生もよく通っていた。脱衣所の一角には駄菓子もたくさん売っていて、健康器具もあったのでみんなでぶらさがって遊んだ。とことん子どもに寄り添ってくれていたが、大人にとってはやかましくて仕方がない銭湯だったと思う。

高校生になると帰宅への嫌悪は加速し、さらにバラエティ番組の求心力は低下した。友達がつかまる時は良かったが、そうでない時は一旦家に帰り、なんとかまた外出する口実を探した。

そこで私を救ってくれたのがTSUTAYAだった。近くの本屋やブックオフは閉まるのが早いし、カラオケは一人で行く気になれない。その点TSUTAYAは最強だった。まずどれだけ居てもいい。「物色」には決められた時間はないから、私は帰宅を先延ばしするために、観たい映画のDVDをレンタルした後も、パンクロックのCDコーナーなどを神妙な顔でウロウロした。しかし借りるわけではない。何の知識もない海外のバンドのアルバムを手にとって、「ジャケットいかつぅ」と思うだけである。現在の「街灯、オレンジ色やな」タイムの起源はここである。

基本的にTSUTAYAでは旧作映画を3本レンタルして、観終わったら返却してまた次の3本をレンタルした。そのTSUTAYAでは中学時代の同級生が勤めていて、「めっちゃ来るやん」と言われていた。その子がいる時は、避けるのも不自然なので一応目の前のレジに並んだが、大して仲良くない友達に私の映画の趣味が露呈していくのは気まずかった。一度その子が休みの日に、カッコつけて「拳銃無頼帖」という邦画を借りた時、レジを担当していた店長のテンションが上がって「赤木圭一郎好きなんですか!」と声をかけてきた。私が「ま、まあ」とすました顔で答えると、ニコニコして「渋いですね〜」と言われたが、もしその同級生の子がいたら「渋いと思われたいだけやろ」と冷笑されていたに違いない。

そこから、同級生が休みの日は店長のレジに昔の邦画を持っていくようになったが、そのたびに話しかけてくれて、「この監督だったらあれもいいですよ」とおすすめの映画を教えてくれたりした。「渋いと思われたいだけ」であったことは確かだったが、自分が通うＴＳＵＴＡＹＡが本当の映画好きに支えられていたのを知れたのは単純に嬉しかった。

そのＴＳＵＴＡＹＡには店員イチ押しコーナーがあり、日本ではあまり知られていないバンドのアルバムが並べられていた。棚をぼーっと眺めていて、なぜか珍しく「これは借りてみようかな」と思ったのが名も知らなかったバンド Those Darlins である。家で曲を聴いてみると、一発で気に入った。どんな人たちなんだろうと思って調べてみると、古着スタイルの女の子3人がインタビューで「私たちは拾ったものも全然着るわよ」みたいなワイルドな発言をしていて、さらに好きになった。

「なぜ地元ではなくニューヨークでレコーディングしたんですか？」の問いには「どこでも良かったのよ」と言っていた。短い記事だったが、言葉の端々から自由に生きている感じが漂ってきてドキドキした。私もこんな風に生きたいと思った。

ちなみにそのアルバムに入っていた一曲「Red Light Love」が、私たちコンビのデビュー当時から変わらない漫才の出囃子曲である。ボーカルの一人は20代で早世してしまったが、彼女たちが自由に世界を駆け回ろうとしたあの輝きは、私が舞台に立ち続ける限り失われないのだと勝手に信じている。

芸人として成功するために上京したが、あれだけ家に帰りたくなかった私が東京という場所を求めたのは、ある意味自然な流れだったのかもしれない。東京に出た私は相方と二人で1K6畳のアパートに住んだが、あの頃の「帰りたくない」は異常だった。しかし理由はわかっていて、仕事以外の時間も相方と顔を合わすのがしんどかったことと、なにより家を出るときと家に帰るときの自分に変化がないのが耐えられなかった。さらにこんな変化のない空間を拠り所にしたくないと思った。家は、出たときのままの姿でこちらの帰宅を待っている。それを受け入れたくなかった。

東京に友達のいなかった私は、ライブやバイトが終わると漫画喫茶に行ってただ睡眠をとって過ごし、起きて着替えを取りに帰ってまたバイトに行くという生活を数年繰り返した。漫画喫茶はいろんなところに行ったが、まれにそのルーティンすら嫌になったときは、夜勤を終えてそのまま何時間も山手線で寝ていた。さすがに起きたときはいつも首がもげそうなぐらい痛かったが、どこかへ帰るよりはマシだった。だから結婚した先輩芸人が「あの枕いいよ」などと寝具の話をしているのを、別世界の話みたいに聞いていた。

東京は眠らない街だというのは本当で、どの街の明かりも「帰らなくていいよ」と言ってくれていた。はじめの頃は始発の電車にあれだけの人が乗っているのに心底驚いたが、この空間を共有できているのは、みんなが家にいないからだということに小さな感動を覚えたりした。

あれから数年が経って、東京にもたくさんの知り合いや友達ができたが、結局みんな終電で帰りたがる。友達と遊んでいて、「あと何分で終電、急げ！」なんて言われると、口では「やばー！」と焦っているフリをしているが、「まあ別に帰らんでもいいねんけどな」と思っている。ややこしいのは、あまり好きではない仕事相手といる時だ。「こいつは別れを惜しんでいる」とは絶対に思われたくないが、家に帰りたくないのも事実なので、話は弾ませないくせにゆっくり食べるという謎の行動を取ってしまう。

そして数年前、お酒は飲めないがどうしても友達と遊んでいたい私が、銭湯ともうひとつ、最高の口実を思いついた。それが、ジョギングである。

ジョギングならお金もかからないし、「痩せたくない？」と誘えば気軽に取り込むことができる。どんなに細くても健康に興味がない子はいないから、わいわい話しながらスローペースで走ろうと言えばみんな乗り気になってくれる。今のところジョギング→銭湯が完璧な組み合わせであるが、友達に断られるようになったらどうしようと今から怯えているので、積極的に健康への意識を高めさせる話題を会話の中にちりばめている。何人たりとも、私から楽しい「非帰宅時間」を奪わせはしない。

と、ここまでを書き終え、携帯を開きジョギングメンバーに「今日いける？」と投げかける。果たしてみんなは寒さに打ち勝ち、誘いに乗ってきてくれるかどうか。冷めた紅茶を飲みながら、ドキドキして返信を待っている。

「ことな」の魔法

私たちには、子どもの頃しか使えなかった魔法の言葉がある。「ことな」だ。

「じゃあ私が泥棒でそっちが警察なことな」「じゃあ今から白線だけしか踏んだらあかんことな」「黒いとこにはみ出したらワニに食べられることな」「じゃんけんで勝った人から好きなポケモンになれることな」「バリアしてる間はタッチできひんことな」

誰かが「ことな」の魔法をかけると、みんなの前にそれまで見えなかったものが次々に出現する。ワニも、ミュウツーも、最強の結界だって。あの頃は誰もが魔法使いだった。

「ことな」はつまり「今から〜というつもりで言動をしよう」というファンタジーへのお誘いであるが、大人になると、このお呼びがかからなくなる。その代わりにぬるっと現れるのが、「体（テイ）」という何ともいやらしい言葉だ。「ことな」も「テイ」もかわいい音で構成されている似たような意味の言葉であるのに、使われるシチュエーションはまるで異なる。「今回の件なのですが、先方に聞かれても知らなかったテイでお願いします」「一旦そのテイで話を進めておいてもらえますか」。テイは、ものごとを取り繕うための装置にすぎず、愛されることなくただ放たれている悲しみがある。日陰者の「テイ」が愛くるしい「ことな」の親戚だなんて信じられない。「ことな」もきっと「対外的にわたくしとは関わりのないテイでお願いします」と言っている。

しかし、嘘も方便テイも方便。仕事をする上でテイがなければ困る場面も多い。結局私もテイには日頃からお世話になっている。そうして今日も恥ずかしげもなくテイ言っている私の元に、かつてのピカチュウから連絡が来たりする。「このたび無事に第1子が生まれました！」ゼニガメの私は破顔して、「おめでとう！」と送る。彼女はこれから母親になる。もちろん母親のテイではない。ドッジボールが得意で、おかあさんごっこを嫌がるような男勝りな子だった。時は大きく流れている。

私が特に「ことな」と蜜月だったのは、ポケモンごっこブームから3年が経った6

年生のときだ。在籍していた6年4組は、全国のどこにでもあるような可愛い「ことな学級」だった。

野球のうまい慎太郎の「いたずらことな」は束の間クラスメイトの目を輝かせた。チョークの粉で真っ白になった黒板消しを、椅子に立って教室のドアの一番上に挟み、ピョンと飛び降りながら「先生が開けるまで、みんな喋ったらあかんことな」と指令を出した。人気者の「ことな」の魔法は、絶大な効力がある。慎太郎は一瞬でクラスに沈黙を連れてきた。昼休みの終わりを告げるチャイムが鳴り、廊下から先生が歩いてくる足音が聞こえると、教室の沈黙はさらに大きくなった。みんなが固唾《かたず》を呑んで見守る中、普段とは違う気配を感じた担任の先生がゆっくりドアを開けると、挟んであった黒板消しが先生の頭上に落下した。当たった衝撃でチョークの粉が舞いあがる中、沈黙はたちまち大爆笑に変わる。それを受けて、先生が「お〜い！　お前ら〜！」と片手をあげると、さらに笑いは大きくなった。高身長の先生は、頭を真っ白にしながら「気づかなかったテイ」で無邪気な教え子の「ことな」を死守していた。

次の日、噂を聞いた隣の3組が同じように黒板消しをドアに挟んでいるのを見て、みんな揃って腹を立てた。「ことな」にもちゃんと道義はある。

山口は見事な「サイレントことな」だった。国語の授業中、先生が教科書に載っている興味のそそられない小説を音読していた。みんなは読まれているページを開き、静かに文字を目で追っていた。その中でひとり、一番前の席に座っていた大輔だけが、なぜか教科書の一番後ろのページに載っている「さまざまな外来語一覧」を見ていた。大輔の右隣に座っていた山口はそれに気づき、笑いをこらえながら、同じページを開いた。山口はそのまま、先生の目を盗んで後ろを見ながら、大輔と自分の教科書を指差した。その視線はまさに「みんなもこのページ開くことな」だった。それを受け取った後ろの席の子も、またその後ろの子も、同じようにそのページを開き、あっという間にクラス全員が「さまざまな外来語一覧」を見ている状況になった。

こらえられなくなった女の子が笑ったせいで、先生がクラスの異変に気づいた。「なんや」と言うと、察しの良い数人が教科書を先生のほうに反転させ、みんなもそれに倣って開いているページを次々と見せた。先生は驚いて「どこ見てんねん！」と言い、めずらしく声を出して笑った。そしてニヤニヤしながら「誰や最初にやりだしたやつ」と聞くと、みんな口々に「大輔です」「大輔」「大輔」と申告した。先生は「大輔お前〜！」と嬉しそうに言った。

「どこ読んでんねん」

「……かすてら」

今度は先生は手を叩いて笑った。大輔は一躍「クラスに面白いノリを流行らせた奴」として評価された。私は笑いながらも「山口の功績も称えてあげてほしい」と思っていた。私の中で山口は立派な「ブームの火つけ役」で、大輔は「ただの変なバカ」だった。

女の子も負けてはいない。マコちゃんの「ハードことな」は私たちを逞しくした。喧嘩の強いお兄ちゃんの影響からか、マコちゃんはよくプロレス技をかけてきた。「ここにロープあることな」は、今まで出会った「ことな」の中でダントツいかつかった。プロレスを見たことがないクラスメイトに「大丈夫痛くない痛くない」と優しい歯医者のように声をかけ、腕を体に絡ませていた。私もその対象になったが、どの技ももれなく当たり前のように痛かった。さらにマコちゃんは通りかかった花壇の前で止まり、「愛子とあいぴーは今から花と会話できることな」と、今考えてもおそろしい無茶振りもしてきた。私とあいぴーは頭をフル回転させて花に喋りかけ、マコちゃんが笑うまで土まみれになって即興劇《エチュード》を続けた。

クラスを巻き込むいろんな「ことな」に比べて、私とあいぴーの「ことな」は不確かな、そして求心力のないささやかなものだった。それは、儀式だ。あの頃私たちは体の内から湧き上がる理由のわからない儀式欲に支配されていた。

二人で通っていた通学路沿いに建っているとある民家の前に、大きな石があった。私たちはいつからか、何のご利益もないその石の前に立って一礼するようになった。一礼した後は、静かに石の上に乗り、静かに下りる。それを2回繰り返す。一人がやっている間はもう一人はそばで見守る。その一連の流れを「朝の儀式」と呼んだ。帰り道は、朝とは違うルートを通った。狭い路地裏を通り、ある民家の裏に脆くなっている壁を見つけ、指で触ってみると壁の表面がボロボロと剝がれた。私たちはその日から、下校のたびに少しだけその壁を指で剝がした。それを「夕方の儀式」と呼んだ。

最大の儀式は、トントンさんへの挨拶だった。

「体育の授業中、こっそり体育館の勝手口の鍵を開けておけば、放課後も忍び込んで遊ぶことができる」ということに気づいた私たちの間で、「お忍び体育館」がブームになった。体育館の中には、授業中には使わせてもらえないトランポリンやターザンのようにぶらさがれるロープがあり、放課後はそれらで遊びたい放題だった。普段は30人ほどで使用する広い場所をたった数人で使えることと、いつ見回りの先生に見つかって怒られるかわからないというスリルに、みんな興奮を覚えていた。

放課後、あらかじめ鍵を開けておいた勝手口のドアを開くと、ひんやりとした静かな空気が体育館全体を包んでいる。高い窓から西日が差し込み、昼間とは違う色合いになった室内にはどこか神聖な空気を感じた。

そのとき、天井のどこからか「トントン」という音が聞こえた。私たちはびくっとして見上げたが、何かが動いた様子はなかった。他の友達は気にせずにそのままトランポリンで遊び始めたが、私とあいぴーは、もしかしたら体育館にはトントンさんという神様が住んでいて、お邪魔するときには許可を取らないといけないのではと話し合った。

そして次の日から、体育館に入ると真っ先に私とあいぴーは正座をして手をつき、「トントンさん、今日も遊ばせてもらいます、よろしくお願いします」と挨拶した。しかし一緒に来た他の友達に「トントンさんに挨拶しなあかんことな」とは言わなかった。自分たちでつくったはずのトントンさんの存在を心から信じこんだ私たちは、「ことな」を少し超えていた。それに不思議なものや目に見えないものに畏敬の念を抱くことは、他の人に強要するものではなかった。確かにトントンさんはそこにいると思った私たちだけが、トントンさんに許されるのだった。

その後、ドジな男子が鍵を開ける瞬間を先生に見つかり、この体育館遊びに終止符が打たれた。遊びに参加していた生徒はこっぴどく叱られたが、私は「でもトントンさんにはちゃんと挨拶していました」と言い訳するのを我慢しながら、黙ってうつむいていた。

「じゃあ俺が銀行強盗やるから、おまえ客やってな」
「コント！　森の妖精！」
「ホイップクリームの滝があるの知ってます？」

子どもでいられる時間は短いが、もしかしたら「ことな」の魔法が解けていることに気づかない人間が、知らないうちに芸人になってしまうのかもしれない。

トマトとミンチ肉

尊敬するある人にかけられた「サブカルチャーではなくカウンターカルチャーになりなさい。カウンターはいずれメインになり得る」という言葉が、私の心の琴線に触れた。

夢多き芸人の立場として、「B級」「サブカル」「アングラ」という何かしらのカルチャーにアンテナを立てた他者から配られる、これらの名刺に抱いていた感情への解をもらえたような気がしたのだ。

小さな劇場で好き放題やっていた頃ですら思っていた、「で、うちらって一体何してるんやっけ?」という不安。「アングラって言葉、なんか自分たちを俯瞰でみれてるようで気に食わんのよな、何者でもないくせに」とほざいていたのは埃まみれの地下ライブ小屋。メインに対して中指を立てながら、自分の居場所も心からは信じていなかったあのとき。そのときの気持ちは間違っていなかったと思うけれど、なにも自分のスタンスの不明瞭さに戸惑う必要はなかった、とこの言葉を聞いてじーんとしてしまったのだ。

ただなぜ多くの人がそれらのジャンルに一種の心地良さを感じてしまうのかというと、やはり特別な芳香を放っているからだろう。ぼーっと道を歩いていると漂ってくることがある。自分が生み出すものとは関係なく、その香りに吸い寄せられてしまうのはもはや性《さが》といってもいいかもしれない。

数年前、新宿のK's cinemaで行われていた「奇想天外映画祭」がまさしくそうだった。世界の奇作や珍作を集めた2週間ほどの映画祭で、私はそこで「アタック・オブ・ザ・キラー・トマト」を観た。

1978年に公開された「B級映画をも下回るZ級映画」と評されるそのアメリカのホラーコメディ映画は、大きな殺人トマトが人間を襲うようになり、トマトvs.人間の戦いが繰り広げられるという内容だった。巨大トマトが後ろから追いかけてくるシーンでは、平行移動するトマトの下の台車が丸見えで、撮影スタッフはカメラに見切れていた。なんの脈絡もなくヘリが墜落するシーンがあり、それは撮影中に起きた予期せぬ本当の事故だったらしいが、予告で引きがあるという理由だけで映画に盛り込んだらしい。徹頭徹尾、むかつくほどボケ倒している。あまりにも開き直った製作の粗さと、低予算ならではのチープな画作りが逆にウケ、一部の映画ファンの間でカルト的人気を誇る映画になっていったのだという。

映画館を出て、思わず笑いながら「なんなん」と一人で呟き、映画通の友人に聞いてみても知っている人間は一人もおらず、またもう一度「なんなん」と吐いた。むかつく。なんやねんZ級て。んなもんあるかい。

作中のすべての不条理なギャグにハマったわけではなかったが、私は映画を観ている間ずっと「撮影、楽しそうやなあ」と思っていた。いいなあ、私もこんなアホ丸出しの映画撮ってみたいなあ。名作映画を観て没頭しているときにはそんなこと頭をよぎりもしないだろうから、観ている側にこんな風に思わせているというところまで含めて、一貫してバカなのが羨ましかった。きっと打ち合わせ中はみんなニヤニヤが止まらなかっただろう。映画を観た人から得た評価は、作り手の目論見通りだったかどうか。できることなら40年前に遡って監督にインタビューしたい。ヒットすると思っていましたか？　どういう映画を目指していたんですか？　トマトがツボなんですか？　トマトを面白いと思ってるのはあなただけですよ？

けれど稚拙な撮影方法からは、懐かしい思い出の香りもした。そういえば、私が大学時代に初めて撮った映画も、画面の上からマイクの先っぽがずっと見切れていたし、カメラに映っている窓には、レフ板を持つ友達の姿がくっきりと映っていた。それがバカトマト映画のようにわざとであればZであっても「級」をもらえるが、学生映画はただ未熟なだけで到底観られたもんじゃなかった。とにかく必死だったことを覚えている。

入部した映画サークルでは、1年生はみんな初めての映画を撮るとき、「とりあえず同級生に負けなければいい」という、志の低い目標を持っている。私もその一人だった。先輩のような技術はないが、とりあえず同級生を出し抜きたい。だけど何を撮ればいいのか、どう撮ればいいのか全然分かっていない。その中で、春から積極的に先輩の撮影に参加して要領をつかみ出した奴が、「そろそろ1本撮ってみようかな」とまわりに声をかけはじめる。そしておそるおそる手伝ってくれる仲間を集め、下宿先のワンルームや公園で男女の会話劇のような短い映画を撮る、というパターンが多かった。

私は同級生の動きをみて、「勝つならロケ地だ」と思った。構成もカット割りもてんで分からないが、みんなが撮っていないような場所で撮影してやろうと考えた。アパートの部屋にこもり、書き上げた脚本は、古着屋の店長と店員のささやかな物語だった。

　プリントアウトした脚本をかばんの中にいれ、作品に合うお店を探しに行った。梅田の古着屋街である中崎町をウロウロし、はずれのほうに気になるお店を見つけた。長屋のような民家で、可愛い昭和レトロな服や小物を売っていて、店の奥には畳の部屋が見えた。店に入った瞬間、すぐに「ここだ」と思った。絶対にここで撮りたい。私は店内を物色しているふりをしながら、30代前半くらいであろうお店のおねえさんとお客さんのやりとりに耳をすませた。

　会話の空気から物腰の柔らかそうな人だと安心した私は、お客さんがいなくなったタイミングを見計らい、レジの前にいたおねえさんに「あの、すいません」と声をかけた。「いらっしゃい」と優しく返すおねえさんに、「突然すみません、あの、わたし京都の学生で映画を撮るサークルなんですが、学園祭にだす映画の撮影で、もしよろしければ、こちらの、お店をお借りできないかなと、思いまして」と言った。

　それを聞いたおねえさんは、「ああ」と言った。ああ？　ああ、ってどういう意味？多少驚かれることを想定していた私は、意外な返事に一瞬でひるんだ。「いや、あのほんとによければで、大丈夫なんですが……」

おねえさんは続けて、「この前もドラマの撮影で貸したとこでね」と言った。聞けば、ドラマや雑誌などの撮影でちょくちょく貸し出すことがあるらしく、こういう問い合わせには慣れているということだった。

プロに貸し出しているのなら断られるだろうなと思ったが、「15時オープンだから、10時から14時半までなら」という約束で、夏休み期間の3日間に店内での撮影を許可してくれた。おそるおそる貸出料を聞いたら「学生さんだから、大丈夫よ」と言ってくれた。

手伝ってくれる同級生数人と、テンションが上がりきった状態で撮影に臨んだが、実際は思っていたよりも何倍も難しかった。とにかく人が多くてスペースが狭い。店の陳列が動かせない。店前を通る車の音が入る。役者の女の子が想定外の福井訛り。早々に腹が減る。そして何よりエアコンがなかったのでめちゃくちゃ暑かった。

「あっっっっつ!!」カメラを担当してくれていた翔太がたまりかね、カットがかかった瞬間に大きい声を出した。私はみんなの士気が下がらないように、「もうちょっとやから、がんばろ」「終わったらアイス食べよ」と言いながら、なんとか初日の撮影を乗り切った。

その夜、店のおねえさんから電話がかかってきて「せっかく貸してやってるのに、店の文句を言うのはなんなんだ」とこっぴどく怒られた。どうやら店の奥で翔太の声を聞いていたらしい。もっともだと思い、次の日お詫びに菓子折りを持っていくと「そういうことじゃない」とまた怒られた。「なんやねん」と言いかけたがぐっとこらえ、私はそのせいで残りの2日、「撮影を巻いて終わらせる」ということだけに集中し、猛ダッシュで撮り終えた。

後日大学にある編集スペースで撮った映像を見返し、あまりの粗さに苦笑した。いいアングルもくそもなかった。完成したものを一応学園祭で上映したが、誰からもそれらしい感想はもらえなかった。しかし「わざわざ古着屋貸し切ってやったん？　やるな」という、当初想定していた評価だけは得られた。私はサークル内でただ「行動力のある奴」になった。不本意だったが、「逃げ男」というひたすら逃げている男の映画を撮った祐介よりはましだと思った。祐介は「くだらねえだろ」とギャハギャハ笑っていた。祐介は初めから勝負を放棄しているように見えて、私は「くだらね〜」と同調しながらも内心、ずっとそうやってろ、と思っていた。けれどみんな「逃げ男ってバカじゃねーの」「逃げ男ってなんだよ」「だっせー」「めっちゃサブカルやん」と、「逃げ男」の話ばかりしていた。

学園祭の後、私の行動力とお笑い好きだということを聞きつけた先輩から「コントのようなPVが撮りたいから協力してくれ」と言われ、撮影に参加したのが私の転機になった。曲はフィッシュマンズの「Go Go Round This World!」。「このミンチ肉の塊をヘッドホンに見立てて耳に当てて、笑顔で揺れてくれ」と言われた。意味はわからなかったが、先輩は真剣だった。私は冷たい生肉が耳に入っていく感触と、得体のしれないものに触れている感覚にぞわぞわした。撮影期間はずっと楽しくて、私もコントやろうかな、とぼんやり思った。

この話を友人にした時、「フィッシュマンズで意味わからんPV撮るって、いかにもサブカルっぽいな〜」と言われた。私は釈然としなかった。私の中で逃げ男とミンチ肉は全然違った。そもそもその先輩は自分の作品のことを「くだらない」なんて言わなかった。もちろんどちらも世に出ることはなかったが、私はこの2作品のことを、この先もことあるごとに思い出すだろうなと思っている。

青春

大なり小なり夢をもつ大人が掲げる「死ぬまでずっと青春」という熱くて寒い目標は一旦置いておくとして、「あなたにとって青春とはなんですか？」と聞かれたら、なんと答える人が多いだろうか。汗を流して頑張った部活動、甘酸っぱい不器用な恋愛。友達とのドタバタ低予算旅行。語り明かした夜。

喜怒哀楽どの感情に結びついている思い出であれ、青春というのはその過去を懐かしみ、「もうあの頃に戻ることはないだろう」と懐旧の情に駆られるものだ。私にも愛おしくて青い思い出はたくさんあるが、他の何よりも埃をかぶせまいと事あるごとに引っ張り出してしまう記憶がある。バスクだ。バスクは紛れもなく私の青春であり、あの頃の心の拠り所だった。

「バスク」は2013年から2017年までの約4年間、阿久津大集合《あくつだいしゅうごう》という芸人と私の二人で主催していたお笑いのネタライブだ。不思議なことに、今までの芸人人生で「出会えて良かった」と思える人の多くはこのライブに関わっている。

当時はコンビとして事務所内でなかなか思うような結果が出せず、私はその負のエネルギーを全て巷《ちまた》の大喜利ライブにぶつけていた。都内で開催されている大喜利ライブに片っ端からエントリーして出場しては、仏頂面でマジックペンを握っていた。

ある日出場した、区民は誰も利用していないであろう潰れかけの区民会館の会議室で行われた大喜利ライブ。そこで私は阿久津大集合、通称あくっちゃんに出会った。

出場者十数人、お客さん数人という供給過多なそのライブは、決められた制限時間の中で大喜利を競うトーナメントシステムで、その決勝戦で私とあくっちゃんは戦った。

坊主頭のあくっちゃんは声が大きく、少年バトル漫画の主人公が必殺技を繰り出すときのように回答を出した。手に持ったフリップを客席に向かって半回転させる直前、私にはあくっちゃんが「くらえ！」と言っているように聞こえた。まわりの出場者とはちがい体を大きく動かして回答していて、もはや椅子の上におとなしく座っていることが奇跡とすら思えた。空間を支配するような威力で放たれる回答は、圧倒的にバカで、そしてめちゃくちゃ面白かった。

接戦の末、いよいよ勝負が決まろうかという大事な局面で、あくっちゃんは意味をなさないただの奇声に近い回答をし、結局僅差で私が優勝した。ライブ終了後、会館の横にある薄暗い喫煙所にいると、海外ロックバンドのTシャツを着たあくっちゃんがやってきて「ありがとうございました！　めっちゃ面白かったっす！」と、舞台上と同じ声量で声をかけてきた。自意識をこじらせがちの若手芸人にはめずらしい快活な態度に感化され、私も「いやこちらこそ、めっちゃ面白かったです」と素直に感想を伝えた。

あくっちゃんは「オレ吉本NSCの15期なんですけど、もともと西口プロレスにお世話になっていて、あ、今も、世界のうめざわさんって師匠の弟子なんすよ！」と、取っ散らかった経歴を述べた。こいつは直感で生きているな、と思った。

連絡先を交換し、その後さまざまな大喜利ライブで共演しては開演前や終演後に言葉をかわす仲になった。あくっちゃんは私との雑談の間でも「あ〜おもしれぇと思われてぇ〜！」と、怖いほど欲望を包み隠さずに話した。それが羨ましいなと思うこともあれば、真面目な顔で「一回おっぱい揉ませてくんねえ？」と言ってくることもあって、こんなアホな奴と喋ってられるかと思っていた。

私が事務所を辞めてフリーで活動することになった頃、すでに仲良くなっていたあくっちゃんは、「なんか困ったことあったら言ってな！」とメールをくれた。そして「おもしれぇ人だけ集めてバカおもしれぇライブつくらね!?」と誘ってくれた。「オレがかっけぇポスター描くから、加納は諸々頼むわ！」と言った。「ライブ名、バスクってどうかな？」と提案したら、意味も聞かずに「かっちょいーね！」と即座にOKしてくれた。スペインとフランスにまたがるバスク地方で話されるバスク語は、「どこからきたのか、何を言っているのか全然わからない言語」だと聞いたことがあり、そういうイメージが自分のやりたいライブにぴったりだと思った。

あくっちゃんが呼びたい芸人の基準は明快だった。「面白くて気の良い」奴だ。私に芸人を紹介するとき、あくっちゃんはよく「すげえ良い奴らだからさー！」と言った。そして実際に出てくれた同期や後輩芸人は、「真空ジェシカ」「ガクヅケ」「ギチ」「カナメストーン」「サッチ」「猫塾」など、本当に面白くて気の良い芸人ばかりだった。渾身のネタを下ろしてくれ、舞台で爆笑をとった上に「呼んでくれてありがとう」と言って帰っていった。あくっちゃんの人を見る目は、誰よりも信頼できた。

さらにどこで知り合ったのか、とてつもなくいぶし銀な兄さん達を連れてきたりした。あくっちゃんの意向で、バスクでは必ず芸人それぞれが望む出囃子曲を用意した。曲が鳴る中、あくっちゃんが影マイクで格闘技のリングアナウンサーのようにコンビ名を叫ぶ。新人が出場するライブにしか出ていなかった私は、そこではじめて、かまやつひろしの「我が良き友よ」でセンターマイクに向かう「錦鯉」さんや、クラシックの交響曲で軽やかに出て行く「モグライダー」さんなどに出会い、「シブい」の意味を知った。

他にも、平気で何十分も暴れまわる「虹の黄昏」さん、「アンドレ」さん、強さと華の「メイプル超合金」さん、脳が狂うようなコントの「ローズヒップファニーファニー」さん、「ななまがり」さん、痺れる魔法のような漫談をする「街裏ぴんく」さんや「殿方充」さん、「ユンボ安藤」さんなど、他のライブでは決して出会えなかった、自分の笑いに信念を持った芸人ばかりだった。

小さな劇場だったが、客席と舞台の熱気は回を重ねるごとにどんどん高まっていった。舞台袖は他の芸人のネタを見たい芸人でぎゅうぎゅうで、ライブ後半には楽屋はすっからかんになった。私もコンビで好きなネタを好きなようにやった。楽しかった。他のライブではお客さんに伝わらなかったネタも、バスクでは伸び伸びやれた。みんなも「バスクには一番好きなネタを持ってくるって決めてる」と言ってくれた。

打ち上げではみんなベロベロになり、朝まで騒いでいた。こんな時間がずっと続けばいいのにと思った。そして信じられないことに、誰ひとりとして売れていなかった。


ライブが軌道に乗り、出演者を発表する前に100席のチケットが完売するようになった頃、いつものように喫茶店で出演者を決めていると、あくっちゃんが「さらばさん呼びたい！」と提案してきた。すでに賞レースの決勝に何度も進出し、テレビでも活躍していた「さらば青春の光」さんのことだった。私は「売れてる人呼ぶんはちゃうやろ」と、難色を示した。あくっちゃんはいつものように「なんで？　おもしれーじゃん」とまっすぐな言葉で言った。頑固な私は「売れてる人呼ぶんやったら私は出えへん」と言い、「そういうのどっちでもよくね？」と、納得のいっていないあくっちゃんと喧嘩をして別れた。腹が立った私はライブ当日、バスクを休んであてつけのように別のライブに出た。

その日もバスクはいつもと変わらず大盛り上がりだったようで、私は自分の小さなこだわりがなんの価値もないと言われたようで悔しかった。しかし気づいていた。自分がつくったライブを美化し、存在意義を勝手に定義していたのは私だけで、あくっちゃんはずっと「面白くて気の良い」芸人を求めていただけだった。

しばらくして、バスクに出てくれている芸人が一組、また一組とテレビに出始めるようになった。忙しい中でも収録終わりに駆けつけてくれる人もいたので、いつもやっている劇場ではお客さんが入りきらなくなってきた。

「少し大きい会場でやろうか」ということになり、倍ぐらいの客席数の会場でライブをすることになった。客席には、今まではいなかったような、テレビで芸人を知って見に来てくれたお客さんもいた。ライブは盛り上がったが、広い会場の中ではいつもの血がたぎるようなクラクラする熱気は感じられなかった。誰かがぽつりと、「なんか今日バスクっぽくないな」と言った。

私は、ああ、もしかしたらもう終わりなのかもしれないと思った。私の中で、バスクは客観性を持ってはいけなかった。「またタイミング見てやろう」と言って終わったが、それ以来バスクは開催しなかった。

環境が変わり、いろんな仕事をさせてもらえるようになった今でも、ラジオや取材の中でふと「バスクの時は、」「バスクとは違って、」と言いそうになる。それはとても情けなくて、かっこ悪い。

私はまた、あのライブの熱量を超えてやろうと、今日の仕事に力がはいる。私は青春に勝たなければいけない。と思っていたら、あくっちゃんから「バスクみたいな『バスケ』っていうライブやってもいい⁉」と連絡がきて、体の力が抜ける。

私とM－1、どっちが大事なん？

二つ上の兄ちゃんは、昔からとにかくよくモテた。幼稚園では、おませな女の子たちに追いかけ回され、一度つかまると頭をなでられ、ほっぺたを触られていたらしい。まるで近所で飼われている犬の扱いである。小柄な兄ちゃんは自分より大きい女の子たちにされるがままで、終わりの見えない彼女らのアプローチに恐怖を感じ、早くから「やれやれ」という顔つきを体得していた。

ヘトヘトになっている兄ちゃんを見て、親父は「お前も大変やの～」と茶化して笑っていたが、本人にとっては死活問題。なにしろ相手は、欲望をうまく言語化できるようになる前に異性のハントを開始している女の子たちだ。みんなおそろしいほど気が強く、ライバル意識を裏付けるようにエネルギッシュだった。兄ちゃんはおそらく、そんな生命力の泉の真ん中でコポコポと言いながら溺れそうになってもがいている、という感覚だっただろう。

卒園式の日に好きでもない女の子と次々に写真を撮らされ不服そうにしている兄ちゃんをみて、わずか4歳の私ですら「かわいそう」と憐れみの情を抱いた記憶がある。そんな兄妹の気も知らない親父は、離れたところで若くてキレイな先生に2ショットを撮ってもらうようお願いしていて、それを見たおかんは「ほんまに同じ血かいな」といった表情で呆れていた。


小学校にあがった兄ちゃんはサッカーを習いはじめ、モテはさらに加速した。そして女の子たちのアピールは、素手から道具を使うものに進化していった。プレゼント作戦だ。

夕方、家のインターホンが鳴りおかんが外へ出ると、しなを作った女の子がラッピングされた小さな袋を持って恥ずかしそうに立っている。「加納くんいますか？」と聞き、おかんが「ごめんね〜友達と遊びに行っておれへんのよ〜」と言うと、「じゃあ、これ渡しておいてください」と言って袋を手渡し、そそくさと帰っていく。

それまでは望まないフィジカルな接触を強いられている兄ちゃんに同情していたが、

物をもらっているとなると話は違ってくる。私は「なんで何もしてへんのに兄ちゃんだけ色々もらえるねん」と、だんだん不愉快になってきた。

そしてきわめつきはバレンタインデーだ。またもや兄ちゃんが不在であったその日の夕方、インターホンが鳴りドアを開けると、知らない母娘が立っていた。女の子の腕には、高さ30㎝ほどの大きさのクマの形をしたチョコレートが抱えられていた。私は脳天に雷が落ちたような衝撃を受けた。食器棚の上に置かれたあまりにも大きいチョコレートを見上げながら、何が起こっているのかわからなかった。この大きいクマチョコは、紛れもなく兄ちゃんだけのものだ。それまで末っ子として甘やかされ、親や親戚からの扱いに不満を持ってこなかった私にとって、はじめて直面した不平等だった。どうして兄ちゃんだけが無条件にクマチョコを手に入れたのか。なんで私はクマチョコをもらえないのか。混乱している間に、クマは小さな私の頭上でさらに巨大になっていく。

脳の処理が追いついていないまま、私はとりあえず喚《わめ》いた。事実はなにも変わらないとわかりながらも、「兄ちゃんだけせこい！」と駄々をこねた。おかんは「せこいも何も、しゃあないがな」と、それ以外にない返事をした。

確かに、「しゃあない」のである。兄ちゃんは大きいクマチョコをもらえる人間であった。私は特別クマもチョコレートも好きなわけではない。しかしこの事実を受け入れてしまうと、今後降りかかるさらなる不平等も受忍しなければいけなくなると思った。そして本能的にこれは「年上だから」「男だから」よりももっと抵抗しなければいけない事案な気がした。クマはいずれゲームソフトになり車になり飛行機にならないか？　そしていずれそれは私が喉から手が出るほど欲しいものにぶち当たるんじゃないのか？

他の女の子たちにもらったたくさんのチョコを持って帰ってきた兄ちゃんは、クマチョコを一瞥しただけで喜びもせず、「食べてええで」と言ったが、私は頑《かたく》なに食べなかった。得体の知れない「モテ」のおこぼれなんか受けてたまるか、と思った。

兄妹が手をつけなかったクマチョコは、親父とおかんが後片付けのような手つきでもって淡々と食べた。おかんがクマの顔をボキッと割って胴体と切り離したときは、さすがに一瞬だけ贈り主の女の子とクマに同情したが、それも全部兄ちゃんのせいだった。拗ねている私を気にしたのかどうか、おかんは食べながら「味は別に普通のチョコやわ」と言った。だからといって、私はそこで「じゃあほなええか」とはなるわけがない。やはり子どもにとって、「イレギュラーな大きいプレゼント」への憧憬は半端なものではなかった。

高学年になると、女の子たちの色恋と友情の関係は密接に絡まり合う。女子グループのリーダーの好意を受け取らなかった兄ちゃんは、クラスの女子たちが一丸となって攻略する「課題」に変化した。声をあげずにひっそり思いを寄せている女子たちも表面ではリーダーの恋をサポートしているものだから、内情はなかなか複雑化している。女子グループがなにか策はないかと戦略を立てた結果、標的は妹である私に向かった。

「加納くんの妹おる?」と6年生のお姉さんたちが、私のクラスを覗きにきた。私がなにをされるかわからずドキドキしながら廊下のほうに行くと、彼女らは「わ〜似てる〜!」とだけ言い、騒ぎながら去っていく。

そういうことが何度か続いた後、お姉さんたちはだんだんと大胆になり、わかりやすく私に近づいてきた。昼休みに遊びの誘いに来たり、放課後は可愛い便箋で手紙をくれた。「兄ちゃんに手渡してくれ」でなく、中身は紛れもなく私宛の文章だった。私がまだ使えない漢字が混じった文字で「また遊ぼうね!」などと書かれ、まわりにはキラキラのシールが貼られていた。

私はちょろかった。「兄ちゃんを狙う集団」などとは気づかず、「私って年上のお姉さんたちにちやほやされる才能あるんや」とホクホクしていた。お姉さんたちは飴もよくくれた。懐柔の味をした飴は何よりも甘かった。かつてチョコレートを拒んでいた私は、上級生の策略によってバカ丸出しの小学生になっていた。大きいお姉さんたちに頭を撫でられながら舌先で飴を転がし、兄ちゃんの情報をペラペラと喋った。

後日、私からの情報漏洩によってクラスの女子が妹に接触していることを知った兄ちゃんは「女子きも！！！」と、嫌悪感を露わにし、家でリーダーの子の悪口を言っていた。私はリーダーではない女の子のほうが熱心に手紙を書いてくれたことは黙っていた。

我が家は狭い平屋で、向かいに2階建てのおばあちゃん家があった。兄ちゃんが中学にあがるとき、おばあちゃん家の2階を兄ちゃんの一人部屋とすることになった。私はクマチョコの時の何倍も喚いた。一人部屋の贈与は「年上だから」でも「男だから」でも説明がついておらず、どちらかといえば「モテるから」に起因していると直感的に思った。おかんよりも親父のほうが「あいつも中学生やし色々あるやろ」と後押ししていたのも引っかかった。「ほんじゃあ私も中学生なったら部屋ちょうだい」と言っても「そん時考える」とはぐらかされた。

案の定、自分の城を手に入れた兄ちゃんは一転してオフェンスに切り替わる。好きな音楽をかけ、ギターを弾き、彼女をつくっては部屋に連れ込んだ。親父が言った「色々」は、全て私とはほど遠かった。もう女の子に追われて辟易している兄ちゃんはどこにもいなかった。

これはもう私が巻き返せることはないんじゃないかと思っていた頃、その敗北を決定づけることがあった。

兄ちゃんが中学3年、私が中学1年のある日の授業中である。私は隣の席になった気さくなワタルとなぜか話が弾み、「お互いの好きな人を当てよう」ということになった。話している雰囲気から明らかにお互いが恋愛対象ではないという安心があり、仲が良いわけでもない異性と「逆に秘密を共有してみる」という突発的なイベントにワクワクした。

ノーヒントでは当たらなかったので、「頭文字は？」「部活は？」と順番に質問していき、ワタルの好きな人は「バドミントン部のK」だとわかった。私は嫌な予感がした。「もしかして、先輩？」と聞くと、「なんでわかったん！」と楽しそうに言った。ワタルの好きな人は、バドミントン部のキャプテンである2年の小坂《こさか》先輩だった。そしてその人は、兄ちゃんの彼女だった。

急にテンションが下がった私に気づかず、ワタルは「可愛いよなあ」「めっちゃタイプやねん」とはしゃいでいた。「アピールすんの？」と聞いたら「できるわけないやん〜」と照れていた。同級生が声をかけられないほどの高嶺の花が、兄ちゃん目的でおばあちゃん家に出入りしているなんて最悪だった。

私はワタルに「いけるよ、がんばれ」「めっちゃ応援する」「動かへんかったら何も始まらへんで」と言った。ワタルは「でも彼氏とかおるやろうな」と弱気だったが「おっても関係ないって！」と言った。「ありがとう。んで加納は誰が好きなん？」と聞かれたので答えると、なんの感想も述べずにさらっと「じゃあお互い頑張ろうな！」と言われた。私ぐらいもっと応援しろよ！　と思った。

私が高校2年の冬、CDを借りようと兄ちゃんの部屋に忍び込み、ついでに引き出しを物色していると、その時付き合っていた彼女からの手紙が出てきた。少しためらったが、今までの腹いせのつもりで手紙を覗いた。そこには「私とM－1、どっちが大事なん？」と書かれていた。私は笑い転げた。その年のM－1グランプリの決勝戦の生放送はクリスマスで、毎年楽しみにしていた兄ちゃんは彼女とのデートよりテレビで漫才を見ることを優先して大喧嘩になったらしい。M－1に挑戦する時期になるといまだにそれを思い出し、ちょっとだけ仕返しが出来ているような気になる。

友だち

ほんの何年か前、意味や意義だけに囲まれたいというキショい思想をこねくり回して淀《よど》んでいた時、風穴を開けるかのように、突然ぽんっと友だちができた。硬そうな生地の、ひらひらしていないミニスカートを穿いていた。

前の日まではそうじゃなかったのに、今日からは友だち。友だちは仲良し。仲良しは共有。行動、思考もろともね。共有っていうのは容赦がない。昨日までの他人と己をシェアしていく。友情には己の軽量化が必要だ。いや、そんなわけはない。なぁなぁ友だち〜、これについてはどう思う〜？　え〜知らな〜い！　そんな会話だって自由自在だ。

初めて会ったのは、ネタ番組のオーディション会場にあるトイレの洗面台だった。無防備な場所でふいに目が合い、向こうから「はじめまして！」と挨拶をされた。その言い方があまりにぎこちなく、語尾にも締まりがなくて、「はじめまして」なんてかしこまった挨拶は言い慣れてないいんだろうなと思った。

私はとっさにしゃがみ込み、何の気なしにスカートの中を覗いてみた。おそらく「ちょっと、え、ちょっと！」が来るだろうなと思った。でもその子はひとつも嫌がらずに、逆にパンツが見えやすいよう「ほれ！」と言いながら裾を上までまくりあげた。私は驚いて「なんでやねん！」と言って、お互い我先にと笑った。ほんの5秒ほどの出来事だった。でもたったそれだけで友だちの下地が完成した。

笑ったのだからもう名前なんてどうでも良かったけど、その子は改めて自己紹介をしてきた。コンビ名も芸名もふしぎな名前だった。それにしても、名前よりも先にパンツの柄を知るなんて、今思い返しても最高にふざけた出会い方だ。私のことは知っていたようで、友だちは、その時はまだ「後輩」って名札をつけていた。

その子は、これ以上ないくらい理想的な友だちだった。面白くて、明るくて、チャレンジング。そしてとびっきりの悪ガキ。常に新しい遊びを提案してきてくれる。まるで私が頭の中で作りだしたアニメのキャラクターみたいだった。私の言う誰かの悪口にも同じ熱量で相槌を打ってくれたし、怒れば怒るほど楽しそうにノッてくる。そして「加納さんと遊んだあとは口が悪くなってるって相方に怒られるんだけど！」と、むちゃくちゃな責任をなすりつけてきたりした。漫画を読むのに夢中になって手に持ったまま舞台に出て行ったこともあるし、面識のない大御所の楽屋を興味本位でノックしに行っていたこともある。生きるのがうまくて、生きるのがヘタだった。

一度ライブの帰りに「ラーメン食べて帰ろうか」と誘うと、「行く行く！」と楽しそうに店についてきたはいいものの、のろのろとまずそうに食べるので「あんまりお腹減ってなかった？」と聞くと、「ちがうんです、さっき飴を1袋食べちゃって今口の中の皮がベロベロなんですよ！」と聞いたことのない不調を訴えてきた。映画を見に行ったときは、終わった瞬間「あんま意味わかんなかった！」と大きい声で言い、なぜか同じアイスを2個買って食べていた。「このアイス美味しくておすすめですよ、ハマってるんです」と言ったので、「いつからハマってるん？」と聞いたら、「今日のお昼です」と飄々《ひょうひょう》と答えた。

事務所ライブのリハーサル中に、ふざけていたことをマネージャーに怒られ、反省文を書かされることになったその友だちは、「ねえ見て！　めっちゃ反省してる感じ出てて最高じゃない？」と、文章をまるごと送信してきた。見てみると確かに素晴らしく見事な、非の打ち所のない反省文だった。彼女いわく、「まずは謝罪文、そして怒られたことを反省している文、それに加えて、悪いことと気づけなかった自分の認識の甘さすらも反省している文」の三段構えが効果的で、これを「普段とはちがう丁寧な筆致で綴る」ことによって、「より上のやつに響く」らしかった。
「なんでこんなに反省文うまいん?」と聞いたら、「今まで何枚書いてきてると思ってんの!」と得意げに言った。それまで授業中にお菓子を食べたり、机の上に乗って担任の先生に飛びかかったりするたびに、彼女は少しずつ反省文の腕をあげていったらしい。私に教えてくれた学生時代のエピソードの中の彼女は、もうほとんど猿だった。「猿やん」と言ったら「せやねん」と言った。「せやねんやあらへんで」「ほんまやで!」へたくそな関西弁すら、舌先で転がして遊んでしまう。

ある年の夏、数人で「海で遊んでその帰りに花火を見よう」という楽しい計画を立てていたが、前日になって彼女は絶望の表情を浮かべ、「どうしてもネタ合わせをすることになってしまった」と告げてきた。なんでも、今までコンビでのネタ合わせをサボりにサボり、ここへきて相方をカンカンに怒らせてしまったとのことだった。日にちをずらすことも考えたが、他のみんなのスケジュールがこの日しか合わなかったので、結局「もしネタ合わせが早めに終わったら途中で合流しよう」ということになり、彼女以外のメンバーで遊びに出かけた。

しかし行きの車内でも、「ネタ合わせちゃんとやってるかな」「今ごろ海行きたすぎて暴れてるんじゃないですかね」と、彼女の話で持ちきりだった。どんなコミュニティであっても、求心力のある人間はその場にいなくても、話題の中心になるのだった。夕方頃、海からあがって携帯を開くと、彼女から「体調が悪くなった演技に成功したから花火から合流する！」と連絡がきていた。海までで帰る予定だった子も、その連絡を受けて花火まで残ることになった。

河川敷の人混みの中で、周りをなぎ倒すように走って近づいてきた彼女は、囚人が出所したときよりも解放感に満ち溢れていた。その空気に呑まれ、なぜかみんなも数年ぶりの再会を果たしたように彼女を盛大に迎えた。

そしてまもなく打ち上げられた花火に向かって、彼女は血走った目で咆哮していた。私は花火には目もくれず、その雄叫びを聞いて腹が痛くなるほど笑っていた。いや、どんだけネタ合わせ嫌やってん。ほんじゃあなんで芸人なってん。ほんで今なんで吠えてんねん。私は笑いながら、彼女の荒唐無稽な生き様を前に、自分が生み出すフィクションの種が吹き飛んでいくような感覚に陥った。脳内で作り上げたコントの主人公が、彼女を越えられる気がしなかった。そしてこういう人こそが、人前に立つにふさわしいんだと強く思った。

その後も彼女は、ネタ合わせサボり事件、丸ごとセリフ飛ばし事件、事務所の重役に中指立て事件と悪行を重ね、堪忍袋の緒が切れた相方にいよいよ解散を言い渡されることになった。しかし夜の公園で解散話をしているときも、得意の嘘泣きで責任を逃れたらしく、「おかげで話す時間短くて済んだラッキー！」と言っていた。解散した彼女は事務所もクビになったが、もはや何かを失った人間の中で、一番最強だった。


ピン芸人としてゼロからのスタートになるはずだったが、時代は令和。その全てが彼女に味方した。感度の良い彼女はすぐにYouTubeを始め、ＳＮＳを巧みに使いこなし、あれよあれよという間に全国的な人気者になった。なにかと鬱屈した現代に生きる視聴者は、自分たちが到底できない規格外の行動、ぶっ飛んだ発言、独自のファッションをまとう彼女を驚きと羨望の目で見ながら、どこかでこんな子を待ち望んでいたのかもしれないと思った。

そうして私たちの友だちは、みんなの友だち・フワちゃんになった。私は自分のこと以外で、これほど痛快な気持ちになったことはなかった。

フワちゃんが有名になりはじめてしばらくした頃、一緒にタイへ旅行に行った。YouTube の動画編集を自分で手がけていたフワちゃんは、ワット・ポーと呼ばれるバンコク最古の王宮寺院の中でも、地面に座り込んで編集していた。あまりの不遠慮さに笑っていたが、もうネタ合わせをサボって遊んでいた頃の芸人ではなくなっていることに気づいた。

自分の手で道を切り開いていくために仕事を一番に優先している様子をみて、私は頼もしく思った。滞在中に軽い熱中症になって体調を崩したフワちゃんは、スイカジュースを20杯ほど飲み、その様子をＳＮＳにあげるとファンから「スイカはカリウムが入ってるから逆に脱水症状になるよ！　やめな！」とコメントで説教されていた。本当に全国に友だちができたんだと思った。

今は街中の看板で、コンビニで、あらゆるところでにっこり笑ったフワちゃんを見ることができる。そんな世界がこのままずっと続けばいいのにと思う。そしてそこで自分も同じ仕事をしていければ、こんなに嬉しいことはない。

先日、お昼の情報番組で久しぶりに共演できたが、ＶＴＲ中に喋りすぎて別の共演者に「私語しないで」と注意された。スタジオも彼女がいれば教室の後ろの席になる。

新潮社

新刊案内

2023 11 月刊

絡新婦《じょろうぐも》の糸

警視庁サイバー犯罪対策課

凶器は１４０字、共犯者《フォロワー》は十数万人。妬みと憎悪で私刑を煽る、ネット界最恐の情報通を追い詰めろ！　ＳＮＳ時代の社会派ミステリ！

中山七里
●11月29日発売　１８７０円
337013-0

ともぐい

己は人間のなりをした何ものか——山で孤独に獲物を狩り続ける男、熊爪。人と獣の理屈なき命の応酬の果てに待ち構える運命とは。

河﨑秋子
●11月20日発売　１９２５円
355341-0

ＦＩＣＴＩＯＮ

山下澄人
●11月29日発売　１８７０円
350362-0

2023年11月新刊

新潮文庫 11月の新刊

※表示価格は消費税(10%)を含む定価です。出版社コードは978-4-10です。

拭えぬ悪夢を抱えた一人の女性の生涯を紡ぐ、魂の叙事詩。

神よ憐れみたまえ

小池真理子

戦後事件史に残る「魔の土曜日」と同日、少女の両親は惨殺された——。一人の女性の数奇な生涯を描ききった、著者畢生の大河小説。

●1210円 144029-3

今度もあなたは騙される！

掲載禁止 撮影現場

長江俊和

心臓の弱い人は読まないでください。書下ろし「カガヤワタルの恋人」をはじめ、怖いけど止められない全8編。〈禁止シリーズ〉最新作！

●781円 120744-5

沢木耕太郎初の国内旅エッセイ！

旅のつばくろ

沢木耕太郎

今が、時だ——。世界を旅してきた沢木耕太郎が、16歳でのはじめての旅をなぞり、歩き、味わって綴った追憶の国内旅エッセイ。

●605円 123535-6

小島

小山田浩子

絶対に無理はしないでください——。豪雨の被災地にボランティアで赴いた私が目にしたものは。世界各国で翻訳される作家の全14篇。

●825円 120544-1

生誕150年

外科室・天守物語

泉 鏡花
東 雅夫選

伯爵夫人の手術時に起きた事件を描く「外科室」。姫路城の妖姫と若き武士——「天守物語」。名アンソロジストが選んだ傑作八篇。

●649円 105605-0

モテの壁

カレー沢薫

モテるお前とモテない俺、何が違う？ 小学生向け雑誌からインド映画、ジブリにAV男優まで!? 型破りで爆笑必至のモテ人類考察論。

●693円 104671-6

いつかたこぶねになる日

小津夜景

杜甫、白居易、徐志摩、夏目漱石……南仏在住の著者が、古今東西の漢詩を手繰りよせ、やさしい言葉で日常を紡ぐ極上エッセイ31編。

●693円 104721-8

悪なき殺人

コラン・ニエル
田中裕子訳

吹雪の夜、フランス山間の町で失踪した女性をめぐる悲恋の連鎖は、ラスト1行で思わぬ結末を迎える——。圧巻の心理サスペンス。

●935円 240351-8

こんなことではお互い仕事を失うかもしれない。でももし昔みたいに何かやらかして仕事がなくなったとしても、そのときはまた無限に遊べるからＯＫ、なんなら少しそれを待ち望んでいる自分もいる。「さいあくぅ！」という声が聞こえる。

卒業までの4ヶ月

全国にある多くの普通科高校3年生は、夏休みが終わると一気に受験モード、年明けには教室全体がヒリヒリとした緊張感に包まれる、というのがよく見られる光景だろう。ついこの間まで一緒にバカを言い合っていた友達が、駅前の本屋で分厚い参考書を買っているところを目撃し、途端にライバルに見えてきて焦りだすという現象もベタな高3あるあるだ。

しかし、商業高校はちょっと違う。クラスの9割の生徒が就職を希望し、よっぽどのことがない限り、秋にはみんな企業からの内定をもらっている。そして私を含む残り1割の生徒、つまり「ラクして大学に入って好きなことをしたい」思想の生徒も、推薦入試で受験をして合格、11月には進路のあれこれで頭を悩ませる憂鬱な日々から解放されている。つまり来春からの身の振り方が決まった卒業までの4ヶ月ほどを、とてつもなく気楽に過ごすことができる。

我が3年B組も、例にもれず緩みきった秋を過ごしていた。今まで皆勤賞だった優等生も糸が切れたように遅刻。後ろの席ではルフィ達と冒険するために海へ出たのが見つかって漫画没収。挙句にはインフルエンザ休み別名ディズニーランド休みを取って連休。希望する進路に向けてまじめに勉強していた生徒が多かったので、その落差はすごかった。「目的のためにやる時はやるが、それ以上の無駄な努力は一切しない」というスタンスと、だらけ方のオリジナリティのなさが、さすが商業高校を選んだ現実主義のやつら、という感じがした。担任は毎日ホームルームで「進路決まったからって気を抜くな〜?」と言っていたが、気を抜いてはいけない理由は言わなかった。なぜなら、そんなもの全くないからだ。簿記検定だってみんな進路のために資格がほしくてやっていただけで、今となっては目の前の架空会社の帳簿が負債だらけになっていても知ったこっちゃない。

そして「検定がんばろ」「面接練習付き合って」「小論文補習行こ」と励まし合っていた若者たちは、「なんか割のいい短期バイトない?」と聞き合うだけのチンケな生き物になる。

私も「しんどくなくて時給がよくて数ヶ月後には後くされなく辞められる」という最高の短期バイトを求め、盛んに友達と情報交換をしていた。すると、「どうやらA組のあっこに聞けば良いバイト先を紹介してくれるらしい」という噂が耳に入った。あっこは学年一、二を争う美人で、バトン部の部長を務めたしっかり者、さらに友達の話にもよく笑う明るい子で、まさに非の打ち所がなかった。さらに岡山の訛りがあって、話し方が穏やかでめちゃくちゃ可愛い。共学だったら教室が吹っ飛ぶほどモテていたに違いないが、そんなあっこが、絶対になくてもいい「斡旋力」まで備えているのは、さすがにちょっとおそろしかった。あっこは地元の銀行に就職が決まっていた。

昼休みにA組を訪ねると、あっこは「良かったら話通しとくよ〜」と言って、すんなりブライダルの派遣バイトを紹介してくれた。ホテルの結婚式場で手伝いをするバイトだそうで、普通の飲食バイトよりも時給が高く、話を聞く限り過酷ではなさそうだった。高校を卒業する時に辞めてもいいということで、まさにこれ以上ないほど理想のバイト先。私がいくら求人誌をめくってもそんなバイトはでてこないのに、あっこは一体何をめくっているのだろうか。「斡旋力」の裏にある「情報収集力」を思うと目眩《めまい》すらしてくる。しかもあっこは目標額を貯め終えたらしく、すでにそのバイトをやめていた。競技名はわからないが、あっこは優勝していた。

バイト初日、はじめてのストッキングとヒールの高い靴に少しだけ手こずったが、きらびやかなホテルの内装を見てテンションが上がった。私はこれまでスーパーやチェーンの居酒屋で汚いエプロンをつけ、せっかちなおばさんや横柄なおじさんを相手にしていたため、びしっとしたスーツに身を包み、おめかしをしたお姉さんたちと接することができるのも嬉しかった。

社員の人にバックヤードに連れて行ってもらい、挨拶をしてまわることになった。厨房にいるスタッフの人達に「よろしくお願いします」と順番に頭を下げていると、後ろにある式場へつながる扉が開いた。反射的にそちらにも挨拶すると、出てきた人に「え、なんでおるん?」と言われた。

ビクッとして顔をあげると、同い年のいとこの剛《つよし》が立っていた。「あ、え、え?」と戸惑っていると、見ていた社員の人が「あれ、知り合い?」と聞いてきた。二人ほぼ同時に「いとこです」と答えると、なぜか社員にウケた。剛とは盆や正月に顔を合わす程度で、そこまで話したことはなかったが、これはだるいことになった、と思った。私はあっこに紹介してもらったこのスタイリッシュなバイトで、普段のおしゃべりな自分を封印し、澄まし顔で大人っぽく働くつもりだったのだ。

しかも私の中では剛は「長期休暇キャラ」なので、何でもない普通の日に会うような奴ではない。剛には今までなんの悪意も抱いたことはないが、なんでおるん？　はこっちのセリフや、と舌打ちが出そうになるのをこらえなければいけなかった。さらに「スーツ全然似合ってへんな（笑）」と言われたので、反射的に「うっさいな」と言い返してしまった。この一言で大人キャラ作り計画は見事に崩れ去った。いろんな能力があるなら「いとこ除去力」も持っとけよ、と私は心の中であっこにも理不尽に悪態をついた。

出鼻をくじかれた私は前向きに働く気が起きず、すぐにやめる奴の雰囲気をプンプンに出しまくった。すると働きだした次の週に、新婦が入場するときの扉を開ける役をやらされた。社員の人が、この扉を開ける作業を「やめるのを思いとどまるほど楽しい」と私が感じる可能性があると思ったこと自体が、もうガキ扱いされている証拠であった。結局、料理がのったお皿を片手で3枚持ってサーブする技だけを習得し、新婦の友人のドレスにビールをこぼしてめちゃくちゃ怒られた日を最後に、たった数回でバイトをやめた。剛はバイト内で楽しそうに恋愛していた。なんでいとこの恋愛見なあかんねん、と心で毒突いた。

さらに卒業が近づくと、卒業旅行のために目を血走らせてバイトに励む奴もいれば、「もう卒業まで時間ないし、バイトばっかやってる場合ちゃうでな！　今のうちにやりたいことやらなあかんでな！」と変なモードに入る奴もいる。私とうっちーは、後者だった。

うっちーは同じグループではなく、友達の友達という程度の関係性だったが、「学校をサボって有意義な遊びをする」を経験しておきたいという欲望が合致した。私たちがつるんでいるイメージが周りの人にはないので、同じ日に両方が休んでも二人でどこかに行っているというのがバレないのも好都合だった。

私たちは平日のお昼前に待ち合わせをして、神戸市立博物館で開催されているオルセー美術館展を観に行くことにした。学校をサボって神戸に絵画を観に行く。むっちゃイケてるやん、と興奮した。ブライダルバイトで挫折した大人キャラ計画のリベンジのつもりもあった。仲の良い友達は私のことを「あいこ」と呼んだが、うっちーは私のことを「加納」と呼んだ。この苗字呼びも、なかなか悪くないと思った。

ただ当たり前のことだが、相性が良ければ普段から一緒にいるはずで、そうではないということはやはりそういうことなのだと、行きの道中で早くも気づいた。阪急電車で大阪梅田から神戸三宮に向かう車内でも、私とうっちーは笑ってしまうほど話が合わない。うっちーが好きなバンド「エルレガーデン」が私はわからなかったし、私が読んでいた『オーデュボンの祈り』をうっちーは知らなかった。「この気の合わなさが逆に良い」と無理やり言い聞かせ、なんとかお互いに仲の良い亜美の話題で持ちこたえた。亜美は歯に衣着せぬ物言いをするので、私にとってもうっちーにとっても、腹を割って話せる希少な友達だった。「この前亜美が言っててんけど」「あ、これ亜美好きそう」「亜美ってそういうとこあるよな」もはや私もうっちーも、亜美と神戸に来ているようなものだった。美術展の入り口で「じゃあ終わったらここのベンチで」と約束し、それぞれで館内を回ることになった。自分の好きなテンポで観れるのはラッキーだった。

オルセー美術館展は最高だった。はじめて知ったルドンの木炭画もかっこよかったし、モネが描く睡蓮以外の風景もきれいで心奪われた。時間を忘れて好きなだけ観て回り、出口のところまでくると、意外にも全く同じタイミングで観終わったうっちーが出てきた。

「めっちゃ良かったな」「めっちゃ良かった」と言い合いながら、私と同じようにテンションが上がっているうっちーを見て、今なら少しだけ打ち解けられるような気がした。やっぱり同じ経験を共有するというのは友情にとって不可欠だったのかもしれない。そう思いながら売店に入り、気に入った絵のポストカードを買って帰ることになった。私はうっちーが手にとったポストカードを見た。「なんっっっでそれやねん！！！」と言いたくなるような1枚だった。仲良くなることは諦めた。

おしゃれな神戸の街で買い物をして帰りたかったが、お金もないので安いチェーン店でごはんだけ食べて帰った。

日が暮れた。阪急電車から見える真っ暗な淀川を眺めながら、やっぱりまた新しいバイトを探したほうがいいかも、と考えた。横でうっちーが亜美とのどうでもいいエピソードを話している。はやく大学生になりたい。

将来の夢なに？

昼下がり、番組のロケで行った河川敷で、サッカーをしている子どもたちと話すことがあった。夏休み中らしく、午前中に塾の夏期講習を終えてからここへ来たと教えてくれた。サッカーチームに所属しているが、今日は休みなので自主練習をしているという。日常的に小学生や中学生のスポーツ少年と話す機会がほとんどないので、その溢れんばかりの若きエネルギーに少し気圧《けお》された。

こちらは灼熱の太陽の下、歩くだけで体力を奪われている。気温は30度を超えており、カメラが止まるたびに「あちい」と「しんどい」が止まらない。一方子どもたちの表情は、気温なんて概念がないかのように涼やかだ。テレビのスタジオや劇場ではフレッシュな若手芸人として「やったるでぃ！」なんて元気にふるまっているが、屋根がないと途端に過度な「子どもはすごいねぇ」モードになるからいけない。彼らは親に買ってもらった海外のクラブチームのユニフォームを着ていた。憧れを全身にまとっている。外からは、そういった純粋な夢を持つスポーツ少年たちに見える。

が、これは大人の悪い癖だ。大人はすぐに子どもをピュア視する。私も彼らと似たような環境で育った小学生だったが、「まっすぐな心でスポーツに夢中になっている子ども」とはどうも言い難かった。なにかと感情が忙しかった記憶がある。少年たちも、もしかしたら今まさにそういう毎日を過ごしているかもしれない。

小学3年生のとき、母親の勧めでバスケットボールチームに入った。「私もやってたからあんたもやってみ」という、どこの家庭にもよくあるような、理由になっていない理由でのスタートである。小学生が行うバスケは「ミニバス」と呼ばれる。チームには同学年の女子が私を含めて12人いて、仲良くなったりギスギスしたりを繰り返しながら、卒業までの4年間を共に過ごした。

3年生の間はほとんどコートには入れてもらえず、体育館の隅に並んで立ち、ひたすらその場でドリブルの練習をさせられていた。いつものように上級生の練習を見ながらダンダンダンダンやっていたとき、隣にいたユイちゃんが、私の耳元で「今日水筒にジュース持ってきてん」と囁いた。「えっ」と私は驚いて素《す》っ頓狂《とんきょう》な声を出した。

練習に持ってきていい飲み物は、水かお茶かスポーツドリンクと決められていた。それなのにユイちゃんは、当時人気のあった「桃の天然水」という透明の桃ジュースを水筒に入れてきたのだという。「これやったらバレへんで」と言って、ユイちゃんは悪い顔で笑った。

「できることならジュースを持っていきたい」という発想すらなかった私は、知らない間に計画を練り実行したユイちゃんがたちまちとんでもなくすごい奴に見えた。私の頭の中が「ダンダンダンダン……」しかなかった間に、だ。

私は周りを見て、みんなこうしてダンダンしているだけのように見えて、全然関係ないことを考えたりしているのだろうか、と思うようになった。というか、ダンダンしている間、頭の中も「ダンダンダンダン……」になるのはバカだけなんじゃないのか？　私以外にも脳内ダンダン勢はいるのだろうか？　そんなことを考えだすと、ドリブル練習に全く集中できなくなった。

4年生になった頃、同学年の中でただ一人、カナだけが上級生に交ざって試合に出られるようになった。全く同じ時期に入部したのに、この差はなんだとその時はすごく悔しかったが、今思えばカナはダンダン中に、力の入れ具合、腕や腰の使い方に集中し、試合でのイメージを膨らませていたのだろう。ちなみに、うっすら予想していた通り、ユイちゃんは6年生の最後の試合までスタメンになることはなかった。そりゃそうだ。

チームの指導者である亀井先生は、色んなチームを強豪校に押し上げた凄腕の人であった。亀井先生の下でバスケがうまくなりたいと、他校からわざわざ転校してきた男子生徒もいたほどだ。どこから聞いたのか、「前の学校までは、平気で生徒をビンタしていたらしい」という噂が全員の耳に入っており、いつ自分に平手が飛んでくるかと、練習中は常に亀井先生の一挙手一投足に気を張っていた。

小学校の教諭でもある亀井先生は、独特の指導法を展開していた。モリはシュートを打つ時に指先が外に開いてしまうのが癖で、何度言っても直らないのでついに練習から外され、「人差し指と中指をゴールに向ける、って壁に向かって100回言え！」と命令された。私は心の中で「なんでやねん」と思った。しかしモリは「はい！」と返事して壁の前に立ち、大声で「人差し指と中指を……」と言い始めた。私たちはそれを気にしていない風を装い、練習を始めなければいけなかった。

長身でセンターのポジションのアイカが、ゴール下でパス回しを続けていると、練習を止めさせ、「先生はな、日頃宝くじ当たったらいいな〜当たったらいいな〜と思ってる。でも当たらへん。なんでかわかるか？」と聞いた。アイカがすぐさま「わかりません」と言うと、先生は「買ってないからや！！！　お前もシュート打たな入らんやろ！　打てぇ!!」と怒鳴った。

先生は生徒がミスをすると練習を止めさせ、必ずその生徒に質問をした。それに対して、その答えもしくは「わかりません」という返事を、必ず3秒以内に答えないといけないルールがあった。ある時、物静かなミユが「今のプレーは、どう足を動かしたらよかったかわかるか？」と先生に聞かれた。射るような目で先生に見られたミユは、質問を投げかけられたまま固まってしまい、ついに「こいつが答えるまで全員座れ」という命令がくだった。

一人で立たされ晒し者になったミユは、焦りでなおさら言葉が出なくなってしまった。20～30人ほどの生徒がいる体育館は静まり返った。この時も、私は「みんな今なに考えてるんやろ」と思った。ダンダンダンダンもない静寂の中で、みんな、ミユだけを見つめていた。「早く『わかりません』って言えよ」とイラついている子もいれば、「座れてラッキー」と思っていた子もいただろう。優しい子は、ミユに同情していたかもしれない。私は「そのどれもおるやろうなあ、しかし、まあ、シーーーーーーーーーン」と考えていた。ユイちゃんを見ると、指の皮をむいていた。さすがユイちゃんだった。

5分ほどにわたる沈黙の末、ミユは絞り出したような声で「わかりません……」と言った。先生はズカズカと歩いていき、ミユの持っていたボールを奪い、右足を後ろに引いて「こう」と言った。長いフリの後のシンプルなオチのようで、今だったら確実に吹き出していたが、その時はそれはただの練習再開の合図だった。私はその後もしばらく「こう」おもろかったな、と一人でかみしめていたが、誰かに話すことはなかった。

一つ上の学年がいなかったので、私たちは5年生になるとチームの主力メンバーになった。練習は厳しさを増し、よりバスケ中心の生活になった。その頃から、チームメイト同士でなぜかバスケへの夢中度を確かめ合う会話が増えた。練習が休みの日に、チームの誰かと遊びの約束をしても、ふんわり「公園でバスケやるんかな？」みたいな空気が流れた。特にしんどかったのが「将来の夢なに？」というやり取りだ。ためらいなく「バスケットボール選手」と答える子には正直「もうえええって、一途ぶって」と思ったし、「保育園の先生」と答える子には「え、じゃあなんでバスケやってんの？」と思った。私はスタメンと喋るときは「ん〜まあ今はバスケットボール選手かな〜」と答え、ユイちゃんみたいな子と喋るときは「まだわからんな〜」と答えた。吉本新喜劇に入りたいとか雑貨屋さんになりたいとか、その瞬間瞬間で魅力的な夢はあっただろうが、チームメイトだけでなく、いま自分自身がしている選択の肯定も必要だった。高学年になると、潜在意識の中で「なんでバスケしてるんやっけ？」という気持ちと戦っていたのかもしれない。自覚的に「今この瞬間ってなに？」と思ってしまっては、きっとしんどすぎる練習に耐えられなかったのだ。

厳しさのわりにはさほど輝かしい戦績をあげなかった我がチームの、引退試合の大会に臨む気迫はただならぬものがあった。予選で強豪校に当たることを知った私たちは、人生ではじめて「終わりの予感」を経験する。このしんどかった4年間と、4年間に抱えていた感情が全て、本当に終わるのだと思った。最後の試合で、私は相手チームの選手のユニフォームを引っ張りまくった。自分でもそんなラフプレーをするなんて信じられなかった。相手が憎かったのではなく、自分の存在を証明したい動物になっていた。視界に入っていたはずなのに、先生は注意しなかった。ベンチで声を嗄らして指示を出し、先生もなにかの感情と戦っていたのだろうか。「何してるんやっけ、教え方合ってたんやっけ」と思っていたのだろうか。

もうすぐ、あの時教えてくれていた先生の年齢と同じになる。今の私は、毎日間違いだらけだ。

自分の部屋が欲しい

人の性格を言い表す言葉は多く存在する。と同時に、自分について他人が持っている印象と自己認識にはたいていズレがある。

「あの人は気難しい」と思われている人が、自分のことを「私はとっても気難しいのだ」と思っているパターンは少ない。人に指摘されようもんなら「いやいやそんなことないです、その証拠に……」と弁解するだろう。反対に、「あなたってほんと能天気でいいわね」と思われている人は、「うるせえ、こっちだって色々あるんだよ」と心の中では反論している。「あほ」「かしこ」「生真面目」「打算的」「短気」「呑気」「皮肉屋」「夢想家」など、誰しもみんな、自分のことをたった一言で説明されたくなんかないと思っているのに、他人のこととなれば容赦がなくなってしまう。そして一度他人につけたイメージが覆るようなことが起こると、そのたびに過剰に驚いて、身勝手に喜んだり落胆したりする。

世間や距離感のある同業者に抱かれているパブリックイメージはわからないが、近しい人間であればあるほど、私のことを「明るい」という人が多い。これに対して、私は全く同じことを思っている。私は、明るい。

「お前って性格悪いよな」と言われたらムカついて「どこがやねんお前に言われたないねんボケ」と返すし、「加納さんてしっかりしてますね」と褒められたら「呼吸するように遅刻しちゃうけど？」と申し訳なさを感じる。「尖ってましたよね？」には「一過性ですや〜んみんなそうですや〜ん」。

しかし「明るいね」に関しては、「そやね！」と思う。人々に分け与えるほど明るさのオーバーフローはしていないが、印象の上位に来るレベルの明るさを常に携帯している。何度か仕事をさせてもらった雑誌の編集者が、印象操作することなく私たちコンビから直接受けた印象で「快活」というキャッチコピーを提案してくれた時は嬉しかった。芸人を応援してくれている人達にとってそれが魅力的なフレーズであるかはともかく、私は普段から、負の感情に寄りかかることなく快活でありたいと思っている。そしてわがままに、今後もその快活さであらゆる欠点もがっつり覆い隠していくつもりでいる。
浅い自己分析をするが、明るい性格になった理由は、明るい両親を持ったことに加えて、自分の部屋がなかったことが大きく関係しているのではないかと思っている。私は18歳で一人暮らしを始めるまで、自分の部屋がなかった。しかも、「お姉ちゃんと同じ部屋」などのいわゆる「子ども部屋」と言われる、大人が介入しない空間すらもなかった。母親のタンスの横に勉強机がある。自分の領域はそれきりで、さまざまな感情を持ち帰る場所がなかった。結果、私は食卓でほぼ全ての「楽しかった」を発表した。「悲しかった」はこたつの中にもぐって、「邪魔や」と言われて足で蹴られるまでに何とかした。今でも、当時私はどこで多くを思考し、どこで自分なるものを育てていたのだろうと不思議に思う。

小学3年生の時に、隣町へ転校することになった。兄ちゃんと私は大喜びだった。学校は嫌いではなかったが、もしかしたら立派な家に引っ越し、自分の部屋をもらえるかもしれないという期待に胸を膨らませた。が、親父の「まあそんなはしゃぐなや」感もプンプン感じていた。親父は引っ越し理由を「立ち退きやで〜」と言っていた。その明るさにも騙されていたが、立ち退きで引っ越した先が今の家よりグレードアップするわけはなかった。それまで小さな2階建ての家に住んでいたが、聞くとどうやら引っ越す先は「数ヶ月前に一人暮らしのおじいさんが亡くなったばかりの古びた平屋」であるらしく、肝試しに使われてもおかしくないようなところだった。大家さんからは、その老人の荷物を処分する代わりに敷金礼金を免除してあげるという条件を伝えられたらしい。

　知らないおじいさんの荷物処分から帰ってきた母親に「家どうやった？」と聞くと、笑いながら「割れた窓から外の木が入り込んでて、鳩死んでたわ〜」と返ってきた。最悪だった。自分の部屋どころか、普通に住みたくないと思った。

　しかしそれでも好奇心には勝てず、荷物がなくなった新しい家を兄ちゃんと見に行った。私は兄ちゃんの袖を摑んで、おそるおそる中に入った。薄暗い奥の和室の真ん中に、寝たきりのおじいさんでも点《つ》けたり消したりできるよう、照明のスイッチの紐が床につきそうなほど垂れ下がっていた。「紐なが！」兄ちゃんが真っ先に見つけて、二人で笑った。「長すぎるやろ」「寝てても顔に当たるやろ」兄妹二人で、新居に対する期待が急速に萎んでいくのに気づかないふりをするため、親父に報告する面白ポイントを探して笑った。部屋の一番奥には、畳の上に50㎝ほどの黒い染みがあった。「はい絶対ここ鳩死んでたとこ！」私が言うと、今度は兄ちゃんが「ほんまや」と言って笑った。

小さな家を10分ほどで見終わると、逃げるように外へ出た。「でも風呂あるな」「うん」前の家にはなかった風呂があるという一点だけを楽しみに、何とか気持ちを立て直して新生活をスタートさせた。それまで住んでいた家は早々に解体され、まもなく立派な一軒家が建った。母親と二人で前を通ったとき、母親は「ひぇ〜〜〜」と言っていた。私も今後こういう気持ちになったら、「ひぇ〜〜〜」と言おうと思った。

新しい学校に馴染むのは少し時間がかかった。しかし学校で何か嫌なことがあった日も、居間でため息をつくしかなかった。クレヨンしんちゃんのアニメの中で、ネネちゃんが自分の部屋でぬいぐるみのウサギを殴っているのがめちゃくちゃ羨ましかった。私がこたつでウサギを殴っても「なにしてんねん」と言われて終わりだ。私が「学校おもんないわ〜」と言うと、親父がビール片手に「大変やのぅ」と言う。私はこたつにもぐる。兄ちゃんが「邪魔や」と蹴る。私は這い出て「野球イヤやチャンネル変えて」と言う。親父は「無理〜」と言う。いやいや野球を見る。そんな毎日だった。

中学に上がると、まみちゃんという友達ができた。まみちゃんは優しくおっとりとした性格で、ひっくり返るほどお金持ちだった。まみちゃん家に遊びに行くと、まみちゃんのお母さんが焼いたというシフォンケーキが振る舞われた。私の目の前に置かれた弁当箱くらいの大きさのシフォンケーキを見て、「一人分でか！」と思ったが、まみちゃんは日常的にこの大きさのケーキを食べているのだと思うと言えなかった。どう考えても前世で良い行いをしたとしか思えない。

ある時、まみちゃんが学校で「父親と喧嘩して、しばらく口を利《き》いていない」と言った。私は真っ先に「え、そんなんできるん⁉」と思った。うちのせまい家の中で、誰かと誰かが口を利かずにいるなんていうのは不可能だった。まみちゃんは父親と喧嘩した後に、こもる部屋があるのだ。さらに穏やかなまみちゃんが誰かと喧嘩することがあるのが信じられなかった。私に打ち明けたときのまみちゃんの物憂げな顔がとてつもなく大人に見え、私は同情よりも「私もこの顔を習得したい」と思ったが、まだまだ程遠いような気がした。

土地柄もあってか、ありがたいことに中学生にもなると自虐力を身につけた同じような家庭の友達も現れた。「うちも貧乏やねん！」と明るく話す友達にはずいぶん生き方を教えてもらった。たいていそういう子たちはお喋りがうまく、クラスを盛り上げていた。とある芸人の先輩が「明るさは知性だ」と教えてくれたが、それを聞いたときに真っ先に浮かんだのが当時のクラスにいた彼女たちだった。

中学3年の秋、好きな人と初めて映画デートに行った。見終わった後の会話も弾み、そろそろお別れかという頃、路面電車の駅のホームでベンチに腰掛けていた。この上なく良い感じの空気になっていたが、私はとてもそわそわしていた。その日は2003年9月15日。阪神タイガースが18年ぶりに優勝するかどうかの大切な日だった。親父と家のサイズのせいですっかり阪神ファンの体となっていた私は、どうしても初めての優勝の瞬間を見たかった。彼は野球部だったが、近鉄バファローズファンだった。ケータイには、同じく不可抗力で阪神ファンの体になった貧乏友達からの「試合みてる⁉」というメールが届いている。

明日学校でトークするためにも、絶対に見逃すわけにはいかない。映画の時間を下調べせず、遅めの回を見ることになったことを後悔した。私はものすごく迷った挙句、ファーストキスのチャンスを捨てて、「ごめん帰るわ、また！」と言って、駅からすぐに角を曲がり、相手から見えなくなった瞬間に家までダッシュした。息があがったまま家に着くと、星野仙一監督が胴上げされて宙に舞っていた。私はギリギリ間に合わなかった悔しさと感動で大声で叫んだ。そして選手よりも泣いた。それを見て親父が「アホちゃうか」と笑っていた。

そこからしばらくして、まみちゃんが照れながらファーストキスの話を報告してきた。まみちゃんは野球のルールも知らなかった。やっぱり、明るさなんて要らないから、自分の部屋が欲しかった。

喫茶店

喫茶店で長時間ネタづくりをしていると、高確率で近くのテーブルからいかがわしい話をしている声が聞こえてくる。そのグループは決まって3人組だ。「何か」を勧めるA、「何か」の素晴らしさを知っていると主張するB、そしてその「何か」の実態を必死に摑もうとしている弱きC。

頼りない面持ちのCは、頭をフル回転させながら、「今の稼ぎに満足してる?」「先行投資だから」などという不自然な輝きを放つAの言葉と、妙に速くて甲高《かんだか》いBの相槌を受け止めている。

私も上京して早12年。都会のこんな光景には慣れっこで、いちいち会話の内容に耳をそばだてはしない。はじめのほうこそ、「なんやAの肩書きは!?」「Cしっかりしろ！　騙されんな！」「いや、よく考えるとBが一番悪いのでは⁉」と毎回心をざわつかせていたが、今やパソコンから顔をあげずに澄ました顔で「やってら」てなもんである。

コントだとしたって、もう何組もの芸人がこのシチュエーションを題材に使っている。ベタな設定。そんな頻繁に行われているやり取りに、後に誰かが傷つく可能性なんて考えても仕方がない。もとより、今現在における彼らそれぞれの幸福度も知らないのだ。そこから上がろうが下がろうが、私の作業進捗度には関係しない。関係させてはならない。結局、みんなあほ。あほすぎ。全員はよコーヒー飲んでどっか行け。いや、どっか行かんでもいい。黙ってくれれば。そんな心持ちで日々パソコンに向かっている。

ただ、例外もある。Cはたいてい10代後半〜20代前半の青年で、「何か」はお金儲けのためのシステムであることが多いが、まれにCが愛らしい少女であることがある。「何か」が「芸能界」のケースだ。その場合はさすがに気が気じゃなくなる。キーボードを打つ手は止まり、何度もそのテーブルに目をやってしまう。

対峙するおっさんAと少女C。おっさんは褐色の肌に大きな腕時計。少女Cはまだ染色も知らない艶やかな黒髪。そして見るからに人生すべてを娘に懸ける母親B。ふたつのコーヒーと、本当はオレンジジュースが飲みたいが背伸びして頼んだアイスティー。

おっさんAは母親Bに名刺を出しながら、ドリームだとかアースだとかの類《たぐい》の単語がついた事務所の名前を言う。私は「どこ⁉　聞いたことないんですけど⁉」と落ち着かない。「みんなとレッスン受けてもらって」レッスンってなんの⁉　おっさんAは「良い目をしてる」なんて、まあぬけぬけと！　少女の汚れを知らない「よろしくお願いします」お願いしないで！　アイスティーに丁寧に添えられた両手。そのアイスティーはいつかマイクに変わる。本当に⁉　最後に一発「今後が楽しみです、ではまた連絡します」お会計した！　帰った！　ちょっと！　ちょっとー！！！

「自分ら、勘が良いわ」

十数年前、難波千日前のマクドナルドで、口髭ロングコートにごついスニーカーを履いた吉川のおっさんは、萎縮する私と相方を前に、アイスコーヒー片手に長い足を組んで、少し斜めに座っていた。私はホットコーヒー、相方はオレンジジュースをぎこちなく飲んでいた。学生のアマチュア芸人が出演するエントリー制のライブ終わり、会場の入り口で声をかけてきた吉川のおっさんは、今まで聞いたことのない褒め言葉を口にした。ネタの評価として「面白い」ではなく「勘が良い」とはどういうことなのか、当時の私たちにはよく分からなかったが、「……ありがとうございます」と、おそるおそる返事をした。

そのおっさんは小さな芸能事務所の社長で、めぼしい新人を探しているとの事だった。大手芸能事務所のお笑い養成所に行くための入学金を貯めている最中だった私たちは、大学に通うかたわら、誰でも参加できるフリーライブに出演していただけで、芸能界のことなど右も左もわからない。ひとまず東京で主催しているライブがあるから出演してほしいと言われ、その日は連絡先を交換して別れた。相方と話し合い、「所属してくれとも言われなかったし、東京のライブに出られるなら良いんじゃないか」ということで意見が一致した。そして翌月から、大阪のフリーライブに出ながら、月に1～2回渋谷や中野で行われるライブに夜行バスで通う日々が始まった。

大阪のライブハウスよりも大きい会場でネタをさせてもらえるのは嬉しかったが、それ以外にこれといって何があるわけでもない。早朝に新宿に着いて、夜までネタ合わせをして時間を潰し、客席のさびしいライブに出て、再び夜行バスで大阪に帰る。そんな生活が1年は続いた。

吉川のおっさんはたまに「ネタ見せをしてやる」と言って私たちを麻布十番の事務

所に呼び、雑居ビルの狭い一室でコントをやらせた。棚に腕をぶつけながら渋々ネタをやったが、吉川のおっさんは一度も笑わなかった。そして見終わった後、「後半は、もう少しなんかやったほうがいいんじゃないか」などというような、誰にでもできるざっくりとしたダメ出しをした。内心帰りたくて仕方がなかったが、おっさんの明らかに「キレたら怖い人」とわかる威圧的な態度が怖くて、なにも言い返せなかった。

「こんな生活は意味がないんじゃないか」「やはり大手の養成所に行ったほうがいいのでは」と思い始めていた頃、吉川のおっさんからすでにその事務所に所属していた先輩コンビを紹介された。その先輩たちは東京のライブシーンで勢いがあり、どのライブでもドカドカと客席を沸かせていた。吉川のおっさんは先輩たちに、私たちの事を「最近、見ている子ら」と説明した。「見ている」というこれまた曖昧な言葉が妙におそろしかった。それからほどなくして、吉川のおっさんとその先輩コンビと私たちの5人で、食事に行った。

終始ニコニコと会話を盛り上げていた先輩たちだったが、吉川のおっさんがトイレに立って4人になった瞬間、目の色を変えて「絶対に契約書書いたらあかんで」と言った。私は嫌な予感が的中したと思った。「やっぱり、そうですか」「うん。そろそろ書かされると思うけど、絶対サインしたらあかんで。めちゃくちゃヤバい事務所やから。うちらも今逃げるタイミングを見計らってる」あまりにもシリアスなトーンに、相当なことをされたのだろうと思った。私たちは静かに頷いた。吉川のおっさんが席に戻ってきたあと、何事もなく雑談を続けた先輩たちを見て、舞台の外ではじめてプロを感じた。

大学3年の冬、大阪で行われた吉川のおっさんが不在のライブで、ネタ終わりにまた声をかけてきた男性がいた。その人は松竹芸能の養成所を担当しているマネージャーだと言った。きちんとしたスーツに、きちんとした名刺。そして養成所のパンフレットを渡しながら、「ネタめっちゃ面白かったです。よかったら4月からうちのスクールに入りませんか」と言ってくれた。私たちは嬉しくて、すぐにでも「よろしくお願いします」と言いたかったが、「ちょっと考えます」と返事をした。その男性は「わかりました、前向きにお願いします」と言って、その場を去った。そこからマクドナルドに連れて行かれなかったことで、さらに好感を持った。

吉川のおっさんへの連絡が雑になってきたことに勘付かれたのか、東京のライブに行った日のお昼に、急に「HEY!HEY!HEY! の収録を見学させてやる」と言ってきた。

この日は吉川のおっさんに、松竹の養成所に行くことを告げようとしていた日で、吉川のおっさんの嗅覚の鋭さに血の気が引いた。

どういった経緯で中に入れてもらえたのか不思議だったが、お台場のスタジオで、私たちははじめて芸能界のど真ん中を目の当たりにした。これが、売れた人たちか。圧倒されながら、「このままではダメだ」という思いはますます強くなった。

その日の夜のライブ終わり、一緒に出演していた例の先輩コンビに「松竹行こうと思ってます」と告げた。先輩たちは優しい口調で、「そうしい。なんかあったらうちらが何とかしてあげる」と言ってくれた。そして大阪に帰ってから、吉川のおっさんにメールで「違う事務所に行かせてもらいます」と伝えた。案の定、そこから鬼のように着信があった。留守電も何件か入ったが、どれも無視し続けた。何日か連絡はきたが、ある日を境にぴたっと止んだ。おそらく、先輩たちがなにか口添えをしてくれたのだろう。

その先輩たちは数年後、きちんとした事務所に移籍し、すぐにテレビで大活躍する人気者となる。しかし、事務所を移籍するときに裁判沙汰になるほどの騒動になったと聞いた。あのとき忠告してくれなければ、私たちもどうなっていたか分からない。そしてそもそもマクドナルドで話を聞かなければ、もう少し早く結果を出せていたかもしれないが、仮定の話ではどうしようもない。

　ちなみにその事務所、今はどうなっているだろうかとネットで検索すると、所属タレントこそ出てこなかったものの、ホームページはまだ存在していた。そっとタブを閉じて、今日もこの東京のどこかで餌食になる若者Cがいないことを静かに祈る。

ねこが好き

「ねこが好き」の前で、私はとにかく無力だ。そして何よりも「ねこが好き」に怯えている。

こちらが油断している時に、相手がふと「ねこが好きなんですよ」なんて言おうもんなら、たちまち全身の筋肉が硬直し、脳がグギュグギュと歪んだ音を出しはじめる。顔に微笑をたたえてはいるが、心の表情はピクピクと痙攣が始まる。「う、うわぁ、『ねこが好き』が、きたぁ」と思うだけで、体温に変化が起こったのがわかる。けれど上がったのか下がったのかはわからない。

「ねこが好き」と発言する者の一点の曇りもない瞳、声。それはそうだ。ねこが好きなことに、何の後ろめたさも感じていない。自分が相手に混乱や焦燥をもたらしているなんて思いもよらないだろう。教えてほしい。そのとき私は、どうしたらいいのだろうか。なにを、どのように思い、受け入れ、返せばいいのだろう。

突然目の前に現れた（ように感じる）ねこに好意を抱いている者に対し、「なんで？」と聞くことはできない。理由はわかっている。かわいいからである。ねこはかわいい。私自身、ねこはとてもかわいいと思っている。じゃあ「ねこが好き」と発言した人に対して「みんなそうやろ」と言っていいか？　全くもってそれはよくない。相手にとって私は他人の好みを否定したいだけの性悪人間になってしまう。そして、「いかにも当たり前のことを自分のパーソナリティーとして粒立てて話していることへの批判」とも取られかねない。

かといって「奇遇、私もねこが好き」はあまりにも不用意な返事である。今後私がなにか話すたびに「ねこ好きがこんなことを言っている」と思われる可能性がある。「ねこが好き」は、受け手にいともたやすく「ねこ好きな人」に変換されてしまう。心配でしかたがない。大丈夫だろうか。もし万が一「私この前むかついたことあってんけど」が「ねこ好きの私ですらどうしても許されへんことがあってんけど」に聞こえていたとしたら、もう二の句が継げない。

私はずっと、「こいつはねこが好きなんじゃないか」と思われることに恐怖を抱いている。私という存在は「へえ、ねこが好きなんだ」と誰かに思われた時点で消滅するような気すらする。それでも、そんな私でも、「ねこが好き」だと言ってしまうことがある。なぜそんな最悪で悲惨なことになるのかというと、本当に情けない話、「ねこが好き」と思ってしまうことがあるからなのだ。頭の中で警報ブザーが鳴っているというのに。「ちょっと！『ねこが好き』って言っちゃってるよ！」と忠告が聞こえる中、私の口はだらしなく「エオアウイ」と動いている。恥ずかしい。性欲について語ることよりずっと、ねこが好きなこの本能が恥ずかしい。なんでみんなは恥ずかしくないのだろうか。私は目の前の人が「ねこが好き」と発することを止めることもできない。「それ聞いてどない思たらええねん」とクールに返すこともできない。「ねこが好き」と人に言われることで、誘発的にねこのことを考えさせられ、ねこに思考を奪われていく時間をどうしようもできない。

なぜここまでねこへの感情だけに執着してしまうのか、自分の中でも全然説明がつかない。

昔は決してそうではなかった。勇気をもって言うが、かつて実家で猫を飼っていた。

私はここまで、ひらがな表記で「ねこ」と書いた。ねこへの気持ちを自覚してしまった瞬間、「猫」は「ねこ」になるのだ。「ねこ」のほうが、どうも意識的である。

忘れもしない、小学校6年にあがる春休みだった。仲の良い友達と通っていた行きつけの社宅公園で、子猫が3匹捨てられていた。まだまともに目も開いておらず、つい何日か前に生まれたばかりのようだった。近くに親猫がいる様子はなく、ダンボールの中でそれぞれの境目がわからないぐらい身を寄せ合って、ほとんど聞き取れない声でミャーミャーと鳴いていた。

義侠心と好奇心がぶつかったときの爆風に背中を押され、私と友達は一目散に家へと走った。それぞれが熱弁をふるい、駄々をこね、母親の「動物なんか飼えへん」「面倒みられへんやろ」をなんとか倒し、説得に成功した。友達が1匹、私が2匹連れて帰ることになり、きょうだいは離れ離れになった。

「猫が家におる！」そのインパクトはすごかった。私は毎日飽きることなく2匹を眺めた。自分でちゃんと世話をすると言った約束は早々にやぶったが、文句を言いながらも母親は仕事の合間にミルクをやったりトイレの砂を交換しに帰ってきてくれた。猫の体はあったかくて、猫は毎日寝て起きて、そして食べた。私と同じように、どこまでも生きている動物だった。

数日間の命名会議を経て、母親がなかば強引に2匹を「はな」と「さくら」と名付けた。春にやって来たから、ということだったが、私は不服だった。そもそも花は桜を内包している。「はな」の子どもが「さくら」なら分かるが、きょうだいであれば平等に花の種類をつけるべきだろう。もう1匹を連れて帰った友達の母親は、同じ理由で猫に「April（アプリル）」と名付けていた。なんてスタイリッシュな命名であることか。しかし圧倒的に一番猫の面倒を見ている母親に決定権があるのは当然で、家族の誰も異を唱えなかった。名付けられたその日から、はなとさくらは正式に我が家を住処《すみか》とする飼い猫となった。

2匹がうちにきて1ヶ月を過ぎた頃に、驚くことが起こった。2匹のおしりの下に、ポコッと丸いきん玉が出てきたのだ。気がつかなかったが、2匹はオス猫だった。私はチャンスとばかりに母親に改名を申し出たが、「もう決めたんやから」と、取り合ってもらえなかった。書類で届け出ているわけでもあるまいしと思ったが、たしかにこの1ヶ月の間にすでに幾度となく呼んだ名前に愛着が湧きはじめていたのも事実だった。見た目も名前にあまり似つかわしくなかったが、はなはもうはなでしかなく、さくらはやっぱりさくらだった。

猫はすくすく大きくなった。2匹は仲良くやっていた。数ヶ月が経ち、友達と計画して「きょうだいの再会」をやってみようということになった。学校から帰ってきて、誰もいない私の家にアプリルを連れてくることになった。

だが、感動の瞬間になるだろうと思ったのが大間違い、アプリルはケースから出た瞬間に臨戦態勢、はなとさくらもアプリルを見た途端に毛を逆立てて、聞いたことのない低い鳴き声を出した。もちろんお互いのことを覚えている様子は1ミリもなかった。睨み合った状態で一触即発のただならぬ空気が漂い、私と友達はあまりの恐怖に一歩も動けなかった。壁に張り付いたまま、「ど、どうする……?」「どうしよ……」と固まっていたが、このままでは3匹とも大怪我をしてしまうと思った私たちは、泣きそうになりながら二人でアプリルを捕まえ、急いでケースに戻した。私ははじめて猫の中に獣の魂をみた。

猫はなついたりなつかなかったり、やっぱり気ままに生きていた。同居してはいたが、2匹が家族であるという意識はなぜか生まれなかった。家族の誰も、猫に首輪をつけようとも言わない。友達の家に遊びに行くと、アプリルはかわいい首輪に小さなスカーフを巻かれていた。どこへ行くにもアプリルを連れて行き、過度に依存しているようにも見えたが、それは間違いなく家族という扱いだった。

こうやって猫との思い出を反芻しても、特別な感情は湧き起こらない。私は中学へあがり、買ってもらったばかりのセーラー服の上に猫が寝ていて、毛だらけにされてむかついた、ということを記憶している。たまに機嫌が良い日には、猫用のクシで毛を整えてあげた。母親が猫を風呂に入れるとき、水を嫌がって必死に抵抗され、毎度傷だらけになるのを見て親父は笑っていた。こたつで寝ている私の胸の上で猫が寝て、苦しさでよく悪夢を見た。２匹は成長とともに外への関心が抑えられなくなり、高校へあがる頃には帰ってこなくなった。さくらはそのままどこかへ行った。はなは野良猫と喧嘩したのか、首に大きなキズをつくって帰ってきて、ほどなくして死んだ。私と猫は、そこで途切れた。次に意識したときにはもう、猫はねこだった。

書いていてだんだんとわかってきた。未熟な頃の記憶とセットになっている分、ねこはやはり私の本能に近い部分を刺激している。「かわいい」「触れたい」という感情しか表面化していないが、本当はそんなことを感じなくても生きていけるようになりたい、そこから脱却したいと願っているのだ。そんなことは無理なのに。

好きな作家の自宅インタビューの写真、その膝の上にねこが乗っていて小さく失望したこと。年配の人から送られてくるＬＩＮＥスタンプ、ねこが「了解」と言っていたこと。アイドルがねこ耳をつけていたこと。もちろんかわいい。全部かわいい。全部かわいくて嫌気がさす。「ねこがかわいい」に生活に入りこまれている他人にも自分にも。

ねこだけじゃない。赤ちゃんも洋服も誰かの言い間違いも、「かわいい」という感情を抱かないと生きていけないことが怖い。でも「ねこがかわいい」が特別に怖い。いや、本当は怖くない。本当は、猫もかわいかった。はなとさくらがかわいくて幸せだった。そんな過去が積み重なって今が形作られた。

昨日だって、ペットショップの引力に負けないように踏ん張って、商店街をずんずん進んだ。そんな私が嫌いで、大好き。どっちが本当の私かなんて、聞かないでほしい。

商店街

YouTube の撮影で久しぶりに地元に帰ると、以前住んでいた実家の近くの商店街が跡形もなく消え去っていた。

入り口の角を曲がった瞬間に思わず笑ってしまったほど、「吹っ飛んでるやん」と呟いてしまったほどに、民家と少しのシャッターが建ち並ぶただの閑散とした通りになっていた。元からアーケードがない商店街だったが、空を見上げるとなぜか「抜けている」と思った。数秒経って、そうか、国旗がないから、と気づく。商店街の通りの上をジグザグに渡されていたカラフルな万国旗がすべて取り外されている。周辺に住み続けている人は、次第に廃れていく商店街を身内の老いと向き合うような感覚で静かに受け入れながら眺めていただろう。

しかし数年ぶりの私にとっては、少しのフェードもなく完全なカットアウト。あったものが、全部ない。いた人が、全員いない。鬼ごっこで鬼になったとき、壁を向いて目を伏せ、10を数え終わって振り返ると誰もいなくなっている、突然静寂があらわれるあの感覚。あの店もあの店も、小さな鬼が探しに行ったら出てきてくれるといいのに。なるほど、これぞ王道ノスタルジア。

「ここもない、ここもない」とあえて感傷を増幅させるように左右に首を振って歩く。と、見慣れた黄色い看板が目にはいった。あ、と声が漏れる。奇跡的に通りの真ん中あたりのクリーニング屋だけが残っていた。「なるほど、服の汚れは強いな」と勝手に納得する。それでも、かつては商店街の中にクリーニング屋は3つあった。同級生の木下の家もクリーニング屋だった。木下元気かな。あれ、木下ってどんな顔やったっけな。今頭にぼんやり浮かべているのは、たぶん西川。

路面電車の駅が商店街のスタート。駅前には「珈琲館」。日曜の朝、おばあちゃんがモーニングを食べに連れてってくれた。おかんは「無駄遣いや」と言って怒ったが、おばあちゃんはおどけた顔をして聞き流した。おかんは若い頃に喫茶店をやっていて、家で淹れるコーヒーにもこだわりがあった。「なんでわざわざ金払ってコーヒー飲むねん」「ええやんか、なあ愛子〜?」おばあちゃんの甘い誘いにおかんの怒り顔。私は今後のために「しぶしぶ」のテイを装っておばあちゃんについて行くが、内心は大はしゃぎ。おばあちゃんはいつもトーストとアメリカン。たしかに「家でも食べれるやろ」のメニューだ。私はここぞとばかりにハムサンド。おばあちゃんはラックから新聞を何部か抜き取るが、広げるだけで読んでいる気配はない。なのにうっすら楽しそう。店長は優しいメガネのお兄さんで、おばあちゃんの麻雀仲間。おばあちゃんに大きめの絵画をプレゼントされて困っていた。その絵はおばあちゃんが亡くなったとき私に返却された。私も困った。

道を一本挟んで、商店街入り口の左の角には「木村家」、右の角はタバコ屋だ。

木村家はみんなの溜まり場で、パフェとお好み焼きと焼きそばのお店。子どもがたくさん訪れているとは思えない店内の暗さで、奥にあるトイレに行くのが怖かった。夫婦仲は最悪、雰囲気も最悪。相方の村上は決まってチョコレートパフェを頼み、私はヨーグルトパフェを頼んだ。おばちゃんはいつも不機嫌そうに鉄板で焼きそばを焼いていた。両手にお好み焼きのヘラを持ち、カンカンッと不快な音を鳴らして、信じられないくらい細かくそばを刻む。「そば細かない?」「暗ない?」「おばはんキレてない?」小さい声で二人でずっとツッコんでいた。しかし店主が子どもに少しの愛想も振り撒かない店に通っている感じが、大人っぽい行為のようで気に入っていた。

中学2年にあがる春休み、木村家の前を通ると、学年主任やクラスの担任4〜5人が店内から楽しそうに出てきた。学校では見たことのないくだけた笑顔に、なんだか心がざわっとした。先生ってあんな風に笑うんや。先生もパフェ食べるんや。木村家はうちらだけの場所じゃなかったんや。大人って、そんなに大人じゃないんや。それでも、知り合いを見かけた嬉しさで声をかけてしまった。「先生！」「おう加納」「なあ、クラス替えってもう決まってるん？」「決まってるけど言われへんな」「先生のクラスはいややー」「俺もいややわ！」そんな軽口を言い合えていたことは、思えばまだ今よりは呑気な時代だったかもしれない。

何度も親父にハイライトを買いに行かされたタバコ屋は、近くにファミマができて疎遠になった。木村家の横、タバコ屋の斜め前は「モンブラン」。ケーキ屋じゃなくてパン屋。モンブランは置いていない。60円のポッキーをよく買いに行った。ポッキーはチョコバットを大きくしたような菓子パンで、半分だけチョコがかかっている。チョコのかかり具合にはムラがあって、チョコの部分が6割を超えているやつは当たりのポッキー。

商店街の真ん中あたり、右側には「竹内豆腐店」。学年一の才色兼備、竹内さんの両親が営んでいる豆腐屋さんで、同級生みんなが「豆腐は食べたほうがいい」と思っていたのは竹内さんの肌ツヤやテストの成績によるところが大きい。店のすぐ近くに竹内さんの実家があり、それが立派な一軒家だったことから「豆腐屋は儲かる」ということも驚きをもって学んだ。

私がクラスでいじめに遭ったとき竹内さんは優しく声をかけてくれた。それも「大丈夫?」ではなく「もっと楽しいことあるよ!」という誘いだった。私はバカにいじめられて秀才に助けられた。「かしこくなりたい」と思う動機のひとつは間違いなく竹内さんだった。朝早くから日が暮れるまで豆腐を仕込み、子どもの教育もしっかりとしていた竹内さんのご両親は、なにを食べて育ったのだろうか、と豆腐を食べるたびに今も思い出す。スーパーの品出しのバイトをしていた時も、パックに入った豆腐ですら冷たくて指が痛くてたまらなかった。話したこともないのに、いまだに事あるごとに「竹内さんのご両親は立派だ」と思っている。

商店街の終わりの方には、小中学生に圧倒的人気の「おやつランド」が。クレープとたこ焼きのお店で、店頭にはニコニコと優しい恰幅のいいおばちゃん。店内はカウンター席が5席ほどあり、仲良しの友だちグループと行くにはもってこいだった。たこ焼きは8個300円。おやつランドから5分くらい歩いたところに9個300円の店があったから、たこ焼きは買わなかった。中学生はみんなクレープ。ただクレープなんてすぐに食べ終わってしまう。それでもおばちゃんは、カウンターごしにみんなのいろんな話を聞いてくれた。高校の合格が決まったとき、「おばちゃん高校受かった！」と言ったらクレープをおごってくれた。おばちゃんは交通事故にあって片腕が胸の前までしかあがらなかった。でもどんな事故かは聞かなかった。なんで聞かなかったのだろう。あの頃に戻れるなら、「聞いて聞いて」の間に「どしたんどしたん」を挟むことができる。大人だって話を聞いてもらいたいと思ってると、大人になれば痛いほどわかる。だから世の中こんなにも聞き上手な人が重宝されるのだ。おばちゃん、あっちの店のほうがたこ焼き多いの、知ってた？

3色団子を買いに行った和菓子屋。みどりの団子は、着色料じゃなくてちゃんとよもぎの味がした。スーパーに3色団子が置かれるようになったとき「ちがう」なんて一丁前に思った。お年玉でSPEEDの写真集を買いに行った小さい本屋。親父に「そんなんほんまに欲しいんか」と言われ、買って帰った瞬間に「ほんまに欲しいんやっけ？」と自問する羽目になった。機転が利《き》くなら「その酒ほんまに飲みたいんか」と言い返してやればよかった。

電球が切れると買いに行った電気屋。いろんな色の電球を見た。白って1種類じゃないんやなって思った。店のおっちゃんがとんでもなく物知りに見えた。今思えば、電球の種類を教えてくれただけだ。

そして目印の魚屋。魚屋を左に曲がるとうちの家がある。向かいは八百屋だったから「八百屋の角を曲がると」でも良かったが、友だちに家の場所を説明するときは「魚屋を左に曲がって」と言った。たぶん、おっちゃんの威勢が良かったから。八百屋は「ほんまに買ってほしいんか？」って思ってしまうようなふてぶてしい態度だった。だから、ちびまる子ちゃんのお父さんが八百屋だと知ったとき、なんだか笑ってしまった。ひろし、あかんでそんなんやったら、と思った。

10年後のヒットソングの歌詞に、きっと「商店街」という言葉は入らないだろう。タバコ屋も八百屋も、これからは「聞いたことある」という言葉とセットになっていく。特別なことではない。言葉が生まれて言葉がなくなって、は繰り返される。お母さん、商店街ってなに？　よう知らん、おばあちゃんに聞いてみ。おばあちゃん商店街ってなに？　知らん、コンビニやったら知ってるけど。コンビニってなに？　あったのよ、ちょっとだけもの売ってるところ。なんでちょっとなん？　それは昔やからよ。昔って変やね。

私たちが紙芝居屋さんの話を前のめりで聞いたみたいに、いつか商店街のことも聞かれる日が来る。小さい瞳を輝かせて興味深く聞いてくれる子はきっと話に夢中で、テーブルの上のコップに手があたり、服にジュースをこぼしてしまう。ああ、もうこれ落ちひんのちゃう？　ほなクリーニング屋に持っていき。クリーニング屋ってなに？　何言うてんの。そこの角にあるやないの。

汽車に乗って

去年、母親が自分を産んだ年齢と同じ歳になった。が、過ごしてきた日々はあまりにも異なり、どちらがどうとは比べられない。ただぼんやり、これぐらいの体力の具合で産んだのか、と思った。まだまだ元気ではあるが、そろそろ徹夜がしんどいぐらいのこの感じ。ガンガン遊びには行くが、移動中はしっかり寝たい、この感じ。このくらいで私を産んだんや。今でこそめずらしくなくなったが、当時の感覚でいえば、33歳での出産は第2子といえど高齢の部類に入ったのではないか。

しかしそういうことを気にする母親ではなかった。幼稚園で若い保護者に囲まれて自分を恥ずかしいと思うこともなかったらしい。よく外で一緒に遊んでくれて、そのカラリとした性格で他の親よりも落ち着いた子育てをしている印象だった。行儀や食事マナーについてはきびしくしつけられたが、理不尽に感情的になっているのを見たことがない。昔からの友だちは多いのに、保護者仲間いわゆるママ友は作らなかった。そのことは子どもながらにさみしくもあったので、一度理由を聞いてみたら「自分の友だちは自分で決める」と言われた。私が高校生のとき学校用のカバンにキャラクターもののキーホルダーをつけていると、「今の子は背伸びせぇへんねんなぁ」と言われた。洋楽が好きだった。交友関係にも進路にも口を出さず、あくまで私の意思を尊重した。親に対して使う言葉ではないが、ずっと「大人やなぁ」と感じていた。

そんな母親に育てられたので、はやく大人になりたいと思いながらも、年齢に縛られずに好きなことをやってこられた。今後もそうしたい。この先もずっとまわりを気にせず自分のアンテナを信じて仕事をやっていきたい。

ただそれは理想論だ。正直言うと、まったく無理である。ぜんぜん無理。同業種でなくとも、クリエイティブな仕事に関わる人が「何歳で何を成し遂げたか」というのはどうしたって意識してしまう。なぜなら、自分が「人生で何をどれだけ成し遂げるか」を意識しているからだ。だから、話題になった番組のディレクターが8歳も年下だったと聞くと「うかうかしてられへんがな！」と思うし、逆にやなせたかしが50歳でアンパンマンを生み出したと聞いても「なにがどうなってそうなるねん！」とパニックになる。しかしこの感情はやる気のガソリンになるので、それほど悪いことだとは思わない。

最近では男女関係なく年齢を聞くのは失礼だという風潮があるが、できることならそれは色恋の場においてだけにしてほしい。一緒に仕事する人の年齢は知りたい。何歳で何を思い、どういう仕事をしてきたか、どういう人生を描いていくのか知りたい。

仕事において具体的な目標を立てるほうではないが、芸人を始めてからひとつだけ、「30歳までにピンで単独ライブをする」と決めていた。別に勝手にやりゃいいだろという話だが、納得のいくものをつくるにはそれなりの実力と、信頼できるスタッフと、観に来てくれるお客さんの、全てが揃わないと実現できない。ありがたいことにこの目標は、いろんな課題は残したもののなんとか達成することができた。平成最後の日だった。

にしても、なぜ「30歳」と「ピンでライブ」に固執していたのか、自分でもしばらく疑問だった。けれど、最近思わぬタイミングでその理由がわかった。地元に帰って高校の友だちと久しぶりにカラオケに行った時だった。

ＹＵＫＩだ。完全にＹＵＫＩだった。友だちの甘えるような声で歌う「長い夢」を聴いて思い出した。伝説のロックバンドと呼ばれるJUDY AND MARYのボーカルであったＹＵＫＩが、解散後にソロ活動をスタートしてファーストシングルをリリースしたのがちょうど30歳になる年であった。ＹＵＫＩは、30歳でもう今までの栄光を捨てて、一人で戦いはじめていた。

高校時代、とにかくＹＵＫＩに憧れた。曲も歌詞もファッションも全てが好きだった。歌手の写真に手書きの文字が書いてある画像が流行り、私はもちろんＹＵＫＩの画像を携帯の待受画面にしていた。ＹＵＫＩみたいになりたくて、美容室では「ボブにしてください」と注文したが、次の日学校でギャルに開口一番「ヘルメットやん」と言われた。ギャルはみんな「あゆ」こと浜崎あゆみが好きで、あゆみたいにコテでぐるぐる髪の毛を巻いていた。合唱コンクールで歌う曲を決めるとき、JUDY AND MARYの「ドキドキ」を提案したが、「高すぎて喉ちぎれるわ」と一瞬で却下された。

同じＹＵＫＩ好きのクラスメイトに、友香《ゆか》がいた。友香はバンド時代からのＹＵＫＩの大ファンで、解散ライブのＤＶＤを昼休みに一緒に観たりした。授業中、要らないプリントに思いつくＹＵＫＩの歌詞をしり取り形式で書き合って遊んだ。別の友だちが矢井田瞳のライブを当てて一緒に行くことになったとき、「この浮気者！」と怒られた。

そんな友香だが、ドラムができて絵がうまくて、ＹＵＫＩと同じくらい魅力的だった。誕生日には、ダリの絵を模して荒廃した町に佇《たたず》む私の絵をプレゼントしてくれた。50ｍ走はだらだら走り、タイムは14秒だった。先生に「真剣に走れ！」と言われても「走ってる」と一言で返していて、私はその態度に勝手にロックを感じた。友香は学校生活の何もかもにやる気がなかったが、ＹＵＫＩの話をするときだけは目をキラキラ輝かせた。だから私はいまだに友香のことを思い出すとき、自然と頭でＹＵＫＡに変換している。


初めて買ったライブＤＶＤはＹＵＫＩの２００５年のツアー「ｊｏｙ」だ。緑色のパッケージにユニコーンとアフロヘアーの人がマイクを掲げて笑っているイラストが描かれている。１曲目、ＹＵＫＩが舞台上につくられた巨大な金色のスカートの中からひょこっと顔を出したとき、あまりの可愛さにぶっ飛ぶかと思った。

ＹＵＫＩの歌詞には、スカートやリボン、髪飾りの描写がよく出てくる。「立ち上がれ　スカートのプリーツから」「リボンごと ぎゅうーっと 抱きしめてよ」と、甘くて可愛くて、それでいて確かな声で歌う。自分の母親と違って、ＹＵＫＩはいつまでも少女でいたいように見えた。「ティンカーベル 手をとって 虹の向こうまで連れてって」と願い、「死ぬまでワクワクしたいわ」と揺れた。バンド時代の力強い曲もカッコ良かったが、私はソロになってからの、心のまわりをふわふわと踊ってくれているような曲が大好きだった。自分もはやく大人になりたいと望む一方で、ＹＵＫＩの曲を聴いていると永遠に夢見る少女でい続けたいと願いたい気もした。

だから、あの頃の自分に届くものを作るには、ひとりで何かを表現しなくてはいけないというのが潜在意識の中にずっとあったのかもしれない。自立して大人になっても、表現するものはわくわく心が跳ねるような、少女であったあの頃の私が夢中になるようなものを、ＹＵＫＩのソロデビューと同じ年齢までに自分の手で作りたかったのだろう。

東京へ来たばかりの頃の感情でなぜか一番思い出すのは、「知っている曲しか歌えない」ことへの苛立ちだった。誰も知り合いがいない街で、歩いても歩いても、どこまでも知らない道が続いていた。ワクワクと不安が見事に同居していた。相方の村上と二人でボロアパートに住んだが、駅からは徒歩15分もかかり、帰りはわずかな街灯しかない暗い道を通るしかなかった。毎日夜道が怖くて、私は途中まで携帯電話で話しているフリをし、途中からは大きめの声で歌を歌って帰った。何でもよかった。けれどその時に口ずさんだのはいつも、当たり前だが自分が知っている曲だった。せっかく東京まで来たのに、まだ見ぬなにかに出会いたいのに、口をついて出るのは知っている世界ばかりだった。それがやけに嫌だったことを覚えている。ＹＵＫＩの「汽車に乗って」の「待ち合わせは夕日が丘～アカシアの遠い木陰～」の部分ばかり歌った。ＹＵＫＩがどんな情景を描いて歌っていたかもわからないのに、勝手に自分で思い浮かべたアカシアの木に勝手に飽きた。

思い返すと、その頃からＹＵＫＩの曲を聴かなくなった。ある時、相方がＹＵＫＩのライブを見に行くからネタ合わせを休みたいと言ったことがあった。私はかなり不服であることを露わにした。完全に嫉妬だった。「好きなことしかやりたくない」という気持ちと「好きなことを仕事にする」という覚悟を同じものであると思い込み、自分の中のＹＵＫＩを振りほどいて前へ進まないといけないような勘違いをし、「もうええやろ、ＹＵＫＩは」なんてむちゃくちゃなことを思っていた。

カラオケで友だちが歌う「長い夢」に、みんな聴き入っていた。それぞれ高校時代の思い出に耽った。歌い終わった友だちがマイクを置いて「そういや、テレビに出てる愛子見てたら自分がめっちゃ歳取ったように感じるわ。芸人って子どもみたいやんな」と言った。

確かに、バカみたいに騒いだりギャハギャハと笑ったり、いつまでも休み時間の延長を続けている。それを望んで芸人になった。反対こそされなかったが、母親は私が芸人になることにあまりピンときていなかった。今でもガキのようなことを続けていると思っているだろうか。母親の中に、少しでも少女はいるだろうか。

東京へ戻る新幹線の中でサブスクを開くと、ＹＵＫＩがいた。知らない曲が並んでいた。私は一通りスクロールしてから「汽車に乗って」をリピートしながら寝た。

親父が倒れた

めずらしく兄ちゃんから着信があり、嫌な予感がした。

案の定、「親父が倒れた」と伝えられた。その電話を受けたとき、私は年末特番の収録前でバタバタと慌ただしいテレビ局の楽屋にいた。ああ、こんな報をこんな場所で受けるなんて、ずいぶん大人になったもんやな、と見当違いなことをまず思った。

聞くところによると、本当は1ヶ月ほど前からかなり具合が悪くなっていたそうだが、11~12月はお笑いのコンテストが重なっていて私が神経質になっているだろうと思い、余計な心配をかけないようにという母親の配慮でしばらく連絡せずにいたとのことだった。

しかしながら、親父の病状を伝える兄ちゃんにもそれを聞いている私にも、一切の動揺はなかったように思う。親父は運ばれた入院先で重度の糖尿病と診断されたらしいが、私たちは「そらそうやろうな」という感想しか持たなかった。昼間からがぶがいがぶと酒を飲み、甘いものが好きで、運動は一切しない。タバコもあほほど吸う。そんな好き放題に体をいじめまくっている親父が健康であるはずがなかった。もちろんそれを補塡するほどの徳を積んでいる様子もない。私が慈悲深い神であっても「アウト」のジャッジを下したに違いない。

「まあ、あんな生活してたら糖尿なるやろうな」と呆れながらも大げさに笑う私に、兄ちゃんは「せやな」と言いながら、私の半分くらいの笑いで返した。半分くらいやったな、昔やったら絶対私と同じくらい笑ってたよな、人の親になると不幸への向き合い方が変わるんかな、という思いがよぎって一瞬で消えた。

とりあえず命に別状はなさそうではあるが、なにぶんコロナ禍であるために誰も面会に行けず、最新の細かい情況はわからない。兄妹間でなにかを取り決めるわけでもなく、必要最低限の情報共有だけおこなって、最後に兄ちゃんが長男らしく母親の心労を気にかけるようなことを二言三言つぶやいて電話は切れた。「親父が倒れた」と聞いた瞬間に、頭の中でちあきなおみの「喝采」を流してしまったことは黙っていた。兄ちゃんが「命に別状はなさそうやねんけど」と言ったときに慌てて歌のボリュームを絞った。そして電話を切った直後に、「これはコラムになりそうやな」と思った。自分でも引くぐらい不謹慎な娘であるが、これはもう職業柄しかたがない。

親父は大晦日に退院することになり、私は一日だけ帰阪して母親と病院に迎えに行くことになった。歩行困難になっているらしく、用意した車椅子を押して病院へむかう道すがら、母親に「ある程度は良くなったん？」と聞くと、「知らん。けど正月に間に合うように帰らせろって暴れて手に負えんらしいわ」と言った。

異例の「看護師さんがギブ」という最悪な理由での退院だった。私は親父の暴れっぷりがどれほどのものか見てやろうと少しワクワクしていたが、母親はこれから介護に近い生活が始まることや、病院側に謝らなければいけないことで思考が埋め尽くされているようで、とめどなくため息をついていた。しかしこれは不本意ではあろうが、私はなぜか、母親の言い捨てるような「知らん」が好きであった。

看護師さんと親父のファイトは期待以上のものだった。「いまお父さんが降りてきますのでここでお待ち下さい」と受付で言われて1階ロビーで待っていたが、一向に来る気配はなく、「これは帰り支度で一暴れしているな」と思っていたところに、廊下を曲がった向こう側から「そんなに押すなや！！！」と親父のどなり声が聞こえてきた。続いて看護師さんの「うるさいなあ！」という声が聞こえた。母親は私のほうを向いて白目を剝いた。

車椅子に乗せられて来た数ヶ月ぶりに会う親父は、最後に会った夏よりも二回りほど小さくなっていた。私をみて「おう！　来てくれたんか！」と嬉しそうに言ったが、筋力が低下しているのか腕はあげなかった。しかし威勢は衰えることを知らず、目を見た瞬間になにかに滾《たぎ》っていることはわかった。病院の車椅子から持参の車椅子に乗り換えさせる作業中、「そこ持つな‼　痛いねん‼　ゆっくりやれや！　待てや！」と退院直前まできっちりとスパークしていた。

私も「世話なったんやろ‼　ありがとうございますやろ！」と声を荒らげた。看護師さんは確実にはらわたが煮えくり返っていただろうが、「お父さんほんまにずっとやかましかったですわ！」とくだけた言い方で笑ってくれた。なんて素晴らしい看護師さんなんだろうと感動していたところへ、親父は「おい！　俺の現金どこやねん‼なくなってるやんけ！　取ったやろ‼」と騒ぎ出した。それにはさすがに私もむかついて「誰が取るねん！　車椅子ひっくり返したろか！」と言った。親父はストレートに「ひっくり返すな‼」と言った。あまりのシンプルな返しに、ちょっと笑ってしまった。頭がボケてしまったのか入院時の記憶が曖昧なだけなのかはかりかねていたら、母親は「現金なんか持ってきてないわ！」とピシャリと言い、看護師さんに何十回目かの謝罪をして、車椅子を押して病院の出口に向かった。私は看護師さんに「こんなもんしばいたったら良かったんですよ！」と言うと、看護師さんは「ほんまですね～」とまた笑ってくれたが、病院の玄関まで見送ってくれたあと、入り口の自動ドアが閉まる寸前でめちゃくちゃ大きなため息をついたのが見えた。数日でもうるさい親父の面倒を見てくれたことを思うと、どうか長期休暇をとってほしいと心底思った。

病院を出て久しぶりに太陽の光を浴びた親父は、「シャバやシャバや～」と面白くない喜び方をして、続けていかに自分が入院中に不当な扱いを受けていたかを述べた。私と母親は「はいはいかわいそうかわいそう」と話半分で聞いていた。そして家に着くなり親父は、「タバコくれ、あと甘いもの食わせろ」とはっきり言った。そのうそみたいな要望には、むしろすがすがしささえ感じた。母親が「あかんて。血糖値あがるやろ」と言うと、親父は「あげたらぁ‼」と吠えた。全く手に負えなかった。

車椅子からソファーに移動させるため、私と母親で親父の体を支えて立たせようとしたが、これも一筋縄ではいかない。「そのまま膝曲げて後ろに座るだけでええから」「わかってんねん！　元気なやつの感覚で言うな！」とまたキレた。そして「元気なやつめ！」とはじめての罵倒のされ方をした。私は「1回壁に手ついて立ってみ」と言って脇下に腕を入れ、手を壁に伸ばすように促した。が、体重が後ろにかかっているためになかなか届かない。「何してんねん、壁やって、壁に手ついてって」自立していない肉体を支えるのは大変で、母親と二人でなんとか壁に体を持っていく。「だから壁やってば！」親父も自分の体が言うことをきかないことに苛立っている。母親もしつこく「壁もって！　ほら！」と言うと、親父はなんとか必死で壁に腕を伸ばしながら、小さい声で「カベポスター」と言った。お尻を思いっきり蹴りたかった。

時間をかけてなんとかソファーに腰掛けることに成功した親父は、すぐにタバコを吸い始めた。が、久しぶりの喫煙は体によほどこたえるらしく、タバコを覚えたての若者みたいにずっとむせている。「ゴホッゴホッ、あーくるしい、ゴホッ、でもうまい、あーしんど、ゴホッゴホッ」と、刹那のおいしさのために、病院でなんとか繋ぎ止めた命をもう削り始めている。私は何を見させられているのかわからなかった。

それでも親父は家族と喋ることができるのが嬉しくて仕方がないようで、ぺらぺらと饒舌に話し始めた。しかし一番熱のこもった話題が「差し入れのセンスについて」という、なんとも恩知らずな内容であった。入院中に退屈しないように兄ちゃんはいくつかの本を渡したそうだが、そのほとんどが小説だったそうで、「体しんどい言うてんのに読めるわけないやろ」と言って、兄ちゃんが差し入れた本を1冊1冊紹介しながら悪態をついた。子どもの厚意を踏みにじる最悪の親であった。

「見てみい、これ」と、親父が手にとったのは分厚いミステリー小説の上下巻だった。

「良かれと思って買ってくれたんやろ」私は兄ちゃんを擁護しながらも、たしかに上下巻をチョイスするのは違うんじゃないかと思った。他も小難しそうなタイトルのものが多く、私は兄ちゃんが若干かしこいと思われようとしたのが感じられて、かわいいなと思った。子どもはいつまで経っても親に褒められたいのだ。「たしかにちょっとセンスないな」「せやろ。そもそも本なんか読む体力ないっちゅーねん」その中に1冊、私たちコンビの写真とインタビューが載っている雑誌があった。若手芸人を何組かピックアップして特集している雑誌で、どうやらカベポスターも載っていそうだった。なんやねん〜これは読んだんちゃうの〜、とニヤニヤしながら、私は物分かりの良い子どもを演じ、「入院中は雑誌ですよね〜」と言った。その言葉で思い出したように、親父は台所の母親に「今週の新潮と文春買《こ》うてきて！　今すぐ！」と頼んだ。母親が背中を向けたまま白目を剝いているのがわかった。

挨拶と笑い

ある後輩芸人と楽屋で初めて目が合った。数年越しの、と瞬間的に思ったということは、恥ずかしながら、そうなることをどうやら心のどこかで望んでいたということなのだった。

この経験は初めてではない。特に上下関係にきびしい事務所にいるわけではなく、体育会系の付き合いを鼻で笑うような風潮もある今では、よほど神経質な先輩芸人を除いて、後輩芸人が挨拶してこないことを咎める人は少なくなった。私も直接的な被害がない限り、後輩の言動に苛立って説教するなんてことはない。

ただ、楽屋などの同じ空間にいるのに全く関わり合わない状態が続くと、確実に先輩側に「こちらに興味がないんだな」と思わせることにはなる。私にも、そう感じさせる後輩が何人かいる。

そんな後輩が、一度テレビの番組で共演すると、途端に態度を一変させてくることがある。何年も劇場の楽屋で一緒になっていたはずなのに、初めて目が合い、初めて心を開いた笑顔で「おはようございます」と言われる。ああ、この後輩にとってライブは「共演」にはカウントされないんだな、と微笑みをたたえているその目を見て思う。そして、共演した番組が好評だったことを知ると、今度は雑談までしてくるようになる。なんだかなあ、と思いながらも、その後輩が「絡んだら得をする先輩」と私への認識を変更させたことに、小さな勝利を感じている自分もいる。挨拶なんてどうでもいい、と思っていたはずなのに、心の奥で「でも、面白いと思われたい相手には挨拶するよな」というカッコ悪い感情を静かに抱いていたことに気づかされる。


そういう私も、ろくに挨拶しない若手の一人だった。上京してきた当時はよく「挨拶しろ」と怒られた。初めて会った先輩から「お前が挨拶しないって噂になってる奴か」とふっかけられたこともあった。

とある先輩には、劇場近くの路地裏で挨拶の練習までさせられた。「じゃあ私が歩いてるから、呼び止めて挨拶してみて」と言われ、先輩は急にスタスタと歩き出した。

いやいや、前から来るやろ普通、なんで遠ざかる人をつかまえてまで挨拶せなあかんねん、自分が先輩やったらわざわざ呼び止められたのに挨拶だけやったらイヤやけどな、などと思っている間に、声をかけるタイミングを失ってしまい、ずいぶんと前へ行った先輩が、振り向きざまに「何してんねん！」とキレた。それはこっちのセリフじゃ、と思ったのが表情に出ていたのか、先輩の教育熱を急上昇させてしまい、納得が行くまで何度も「失礼します、ご挨拶よろしいでしょうか」からはじまる自己紹介を繰り返し練習させられた。

なぜ、そんな面倒なことになるまで挨拶しなかったのか。そう聞かれたら、「ナメていた」「自分を過信していた」「まわりに敬意がなかった」「だるかった」「こびていると思われたくなかった」など、いろんな理由が思いつく。もちろんその全てが該当していたが、つまるところ圧倒的に社会を知らなかったというのが一番の原因だった。だから本当の答えは、「挨拶すること（目を合わせること）のメリットを知らなかった」というのが正解かもしれない。

実力と運の強さを持っている者が優位であるこの業界ではなくても、社会にでると挨拶と敬語によって秩序の多くが保たれていることを身をもって経験する。挨拶することで、相手に無駄な敵意を持っていないことを表明できる。だから、挨拶のたった

2秒でその秩序を手に入れられるのなら、さっさと済ませておいたほうがいい。

視野が狭く、ひとりよがりであった私がそのことに気づくにはだいぶ時間がかかってしまった。現在、身をもってその時間のロスを痛感している。

しかしながら、このように「目は口ほどに物を言う」という言葉を大部屋の楽屋ほど実感する場所もないだろう。芸人は人の感情を扱う職業ゆえか、自分の気持ちに素直な人間が多い。だから目から得られる情報がとても多い。

とある先輩に挨拶をすると、いつもは「おはよう！」と元気よく返してくれるのに、小さく「うぃす」と言ったのみで、一瞬でちがう方向を向いた。ああ、今日は新ネタをおろすんだな、とわかる。手持ちのネタをおろす芸人の呑気さと、新ネタをおろす芸人の緊張感はじつに相性が悪く、目を合わせる時間もずいぶん変わる。

反対に、「おはようございます！」と言ったあとにまだじっとこちらを見ている後輩は、単純に私にハマりたいと思ってくれているか、なにか大きな仕事が決まって誰かれ構わず褒めてほしいか、もしくはこちらに聞いてほしいトークがある。ネタが終わった芸人が少しだけ充血した目を下に向けて入ってくると、スベったんやな、と察することができるし、ある芸人同士が映画の話をしていて、それを遠目にチラチラ見ている芸人は、自分もその映画を見たので話に加わりたいと思っている。相方が誰かと楽しそうに話している様子にもう一方が見向きもしないコンビは笑えないほうの不仲で、睨んでいる場合は、笑いにできるほうの不仲だ。解散してピンになった芸人は、コンビのときよりしっかり目を見て挨拶してくるようになる。一人で生きていくために、助けてくれる仲間を増やさないといけないと本能で思うのかもしれない。

芸人の楽屋に絞って「視線」を研究してくれる人がいたら、その結果に基づいた心理テストを作成してほしい。ライブのトークコーナーで扱えば何時間でも盛り上がることができそうだ。

楽屋の視線にまつわる思い出で、もう一つ覚えていることがある。数組の芸人を集めてネタライブを主催したとき、仲間から「◯◯さんがネタできるライブを探してて、出してもらっていい？」と頼まれた。その先輩は大阪から上京したばかりで東京に知り合いが少なく、賞レースを控えているのに出られるライブが少なくて困っているということだった。その時ライブの出演予定の組数は上限に達していたが、芸歴も離れた先輩の頼みということで、私は少し迷ってＯＫを出した。

当日その先輩は、入り時間よりも大幅に遅れて来た。ライブも中盤を過ぎた頃、出演者でごった返していた楽屋のドアを開けて、慣れない劇場に警戒心でもあるのか訝《いぶか》しそうな顔で入ってきた。私は近寄って「おはようございます」と言った。が、続けて名前を名乗ろうとしたとき、こちらには目もくれずに通り過ぎて、唯一顔見知りだった後輩芸人に「この中で俺より先輩って誰？」と聞いた。その後輩が「△△さんです」と伝え、「どの人？」「あの人です」と小声でやり取りすると、自分より先輩だと知らされたその芸人にだけ挨拶に向かった。私は猛烈に腹が立った。頼まれたから出してやったのに、しかもネタ順も先輩がやりやすいように気を遣ってやったのに、なんだその態度は。ありえない、と憤慨した。私は、「頼むからスベってくれ」と思った。この出演者の中で一番派手にスベりますように、と祈った。

願いが通じたのか、本当にその先輩は、誰よりもスベった。もう気持ちのいいくらいの鮮やかなスベり方であった。袖で見ていた私は、主催としては良くないが「ざまあみろ！」と思った。そして、ネタが終わって舞台袖にハケてくるときの例の充血した目と冷や汗を記憶に焼きつけてやろうと思った。しかしその先輩は、あろうことか顔色ひとつ変えずに飄々《ひょうひょう》とした顔で袖に戻ってきた。そしてそのままかばんを持って、するっと帰っていった。こんなところで芸歴だすなよ、とまたむかついた。

しかしその先輩のおかげで、より明確になったことがあった。その日、その先輩がやったネタが、ライブではめちゃくちゃスベっていたが、面白かったのだ。正確には、面白いと感じることができたのだった。邪険にされてあれだけむかついていたのに、私は限りなくフラットな状態でネタを見て、「面白い芸人」だと思うことができたのだった。怒りの感情で笑い声こそあげなかったものの、これはかなり大きな出来事だった。「切り離して考えることができる私はなんてプロフェッショナルなんだ」と誇らしい気持ちにもなるし、なにより笑いが自分の中で、揺らぐことのない確かなものだと気づくことができた。

その後も、その先輩と別のライブで会うたびにむかついたが、必ず袖でネタを見るようにした。やっぱり面白かった。なんなら声を出して笑うこともあった。笑いながら「スベれ」と願った。ウケててむかついた。今日はウケたからご機嫌で帰るんだろうな、と想像するだけでむかついた。むかつきながら笑った。へんな職業、と思った。

いまだに、誰か先輩にむかつくことがあると、袖の一番見やすい場所に陣取って神経を研ぎ澄ませてその人のネタを見る。笑っていると、それだけで笑いに忠誠を誓えているかのような気持ちになる。隣で後輩が同じように笑っている。ネタが終わったあと、すぐにその先輩の悪口を言うと、後輩は信じられないと言うように、瞳孔を開かせて驚く。その目を見るのが、私は大好きである。

新宿駅の全貌

新宿駅の全貌を摑むまでに、大げさではなく10年かかった。限りなくその可能性は低かったが、もしも早いうちに運転免許を取得し、都内で車を乗りこなす生活をしていたならば、新宿駅の周辺と改札の方角をきちんと把握した上で、もう何年も前に我が物顔ができていたかもしれない。いや、しかし星の数ほどあるナン番出口、数字を聞いて場所の見当をつけられるようになり、さらに涼しげな顔で友人に教えてあげられるようになるまでには、駅の外側からのアプローチだけでは難しい。やはり10年というのは、誰にとっても必要な年月なのではないだろうか。

上京してきた当初、これが新宿駅だということを頭の表面では理解しながらも、両目で捉えていたのは得体のしれない巨大な渦であった。途中で立ち止まることのできない人の流れ、その動きはまるでなにかの総意のようで、到底汲み取れない、と降参した。しかし強固な若きプライドはひるむことを許さない。私は新宿駅を利用するたび、一切の拒絶反応を起こさずに渦の中に飛び込み、そして同化した。まわりの仲間はみんな、口を揃えて「新宿嫌いだわ〜」と言った。新宿を嫌いである感性に誇りを持っているようでもあった。「ごみごみしてるし」「騒々しいわりには、なんかね」「みんな取り憑かれているみたいな目してない？」気持ちはよくわかった。新宿に意見を述べてしまうと、たしかにそうなるのかもしれない。なにがそうさせるのか。新宿の成分なんてわからない。二丁目やゴールデン街から「知った口を利《き》くな」と聞こえてくる気もする。しかし私はずっと新宿駅が好きだった。それはきっと、把握できそうでできない、ちょうどいい片思いのような心地であったからだ。

名もない若手芸人が出るような小さな劇場は、ＪＲ新宿駅東口に密集している。椎名林檎の曲に出てきた歌舞伎町は最強の歓楽街で、私たちがやっている漫才もコントも、もしかしたら「歓楽」に含まれているかもしれないのがなんとも不思議だった。学生の延長にいるような貧乏芸人が、靖国通りと職安通りの間にうじゃうじゃと集まって半径５ｍ以内の酸素だけを吸って生きていること、椎名林檎は知ってるんかな、と考えたりした。

今は、ホストや居酒屋店員の執拗な勧誘を受けずに劇場に辿りつくルートを知っている。東口からすぐ地上に出るんじゃなくてな、地下に入ってサブナードを抜けんねん、で左に曲がったら西武新宿駅の下に出るから、そこから1階に出ればいいねんで。そしたら劇場はすぐそこなんやで。

かつて、勇気を出してたった一人でネタを見に来てくれた高校生の女の子。終演後の21時、劇場の外に出ると、制服に身を包んだその子が申し訳なさそうに「あの……歌舞伎町が怖いので駅まで送ってくれませんか？」とお願いしてきた。あの時、地下のルートを教えてあげられたらよかったなあ。「なんでお客さんと一緒に帰らなあかんねん」って、歌舞伎町の真ん中を二人で歩きながら不服そうな態度を取ってしまったこと、今でも少し反省しています。立派な社会人になっているでしょうが、もし良かったらまた見に来てくれると嬉しいです。でも万が一、万が一ね、好みが変わっていて、吉本芸人を観にルミネに行きたいなって思ったら、その時は、東口じゃなくて南口か東南口から出るほうが近いからね。ついでに、南口の前を通っているのが、たぶん聞いたことがあると思う、甲州街道。長野県まで続いているアホみたいに長いやつね。県またいだら道の名前変われよ、て思うやつね。車を運転しない私がなんで知っているかっていうと、答えはもちろん簡単で、どんどん新宿駅を知っていったから。好きな人の趣味に詳しくなっていくのと同じで、覚えようなんて意識はなくても、体が欲している。その証拠に、いまだに青山通りがどれなのか自信がない。これは渋谷駅を知ろうとしていないから。もちろん、みんなと同じように渋谷も好きだけど、渋谷駅はきらい。だから、甲州街道と青山通りでは思い入れが全然違う。あとちなみに、甲州街道を笹塚のほうに向かって途中で左に曲がると、「プーク人形劇場」っていう小さな小さな芝居小屋があるよ。看板がレトロでかわいいよ。

東口と南口の喧騒はさておき、西口が不気味っていう感覚は、誰とも話したことはないけれど、なんとなく共通認識であるような気がしている。高すぎるビル群、いくつかの銀行、なんかの本社。本庁。都庁。本当の新宿は西口のことなんじゃないかとずっと思っていた。

実家に帰るために格安の夜行バスを頻繁に利用していた頃、集合場所は都庁付近が多かった。都庁と実家の落差もすごい。夜中に訪れる都庁周辺の不気味さは、街灯がない真っ暗な田舎道ともちがう、どこでも味わったことのない種類のものだ。都庁のさらに向こうはどうなっていて、どこに続いているのか。駅から、西口改札から、離れたくなかった。なじみのない京王線と小田急線が、知らない人達を吸い込んでいった。京王線と小田急線の利用客は、疲れながらも自分にはこの線しかありえないって顔をしていた。西口にいるはずなのに、ここどこ？　って毎回思わされる西口。夜行バスを利用しなくなってから、西口とは距離を置くようになった。使用頻度が減るとさらに不気味さが増して、東口を使っていても「この裏にはあの西口がある」と考えると肝が冷えた。

しかし私も大人になった。大丈夫大丈夫、怖くない。都庁の奥に謎なんてないのはもう知っている。有名なホテルと、少し大きな新宿中央公園。それだけ。立地も景観も親しみを持ちにくいけれど、攻略してしまえばただの公園。なにも思わずただ通り過ぎればいい。そうしてしばらくすると、あの山手通りが出てくる。あの山手通り。そう、やっぱりこれも椎名林檎。ファンでもないのに聖地巡礼かいな、って笑って歩くことができたら、それだけでもう恐怖は消える。

西口が怖くなくなったきっかけは、最難関の大江戸線だ。テレビ局へ行く機会が増えて、突然活躍し始めたのが大江戸線であるが、私の中では、長年ほったらかしにしていた宿題をようやく片付けられた感覚でもあった。テレビ朝日の六本木駅も日本テレビの汐留駅も大江戸線の駅で、もうひとつ言うと大門駅には文化放送もある（ＪＲ

埼京線から直通でフジテレビの湾岸スタジオがあるりんかい線の東京テレポート駅にもいけるが、直通って昔から少しずるい気がしている)。

大江戸線の難易度が高い理由は、路線が二つに分かれていて、新宿駅と新宿西口駅があることだ。最初は混乱した。「新宿西口駅、とは何事」と思った。正解を言います。ＪＲ新宿駅東口に近いのが大江戸線の新宿西口駅で(落ち着いてね)、ＪＲ新宿駅中央西口と南口に近いのが大江戸線の新宿駅です。一度に言われてもわからないかもしれないけど、私は混乱させたいのではなくて、怖がらなくていいよって言いたいだけ。あと、今は南口を出てすぐのところに「バスタ新宿」という明るいバスターミナルができた。あの深夜の都庁前で、暗がりの中でバスを待つのに怖い思いをする女の子が少なくなると思うと安心します。

２０２１年、新宿駅西口ではなくて、新宿西口駅でもなくて、丸ノ内線の西新宿駅に劇場ができた(ついてこれてる?)。以来、たくさんその舞台に立たせてもらっている。駅が独立して存在するなんてことはないから、新宿駅の一つ隣の西新宿駅は、新宿駅を捉える上で欠かせない。足繁く通う中で、新宿駅の「西側」は、私にとってもはや東側と同じ手触りになってきた。そうして最近になって、私の脳裏にはようやく、うっすらとではあるが「ＣＬＥＡＲ！」の文字が浮かび上がってきたのだった。

新宿駅のことならいつでも聞いてや、と自信を持って言えるようになったところで、JR新宿駅の東口と西口は自由通路によってつながった。難易度は格段に下がり、もう誰も出口を間違えて絶望を覚えることもない。ということは、愛されるまでのスピードも格段に速くなったということだ。素晴らしいことだと思う反面、私は少しさみしい。だって、むずかしいのが新宿で、こっちから頑張って愛しにいかなくてはいけないのが新宿だから。

今年の春も、あらたに何万人もの若者が渦に溶け込み新宿の一部になったことを、先輩の私はもちろん知っている。

魂の居場所

ごくたまに、ライブのエンディングやトーク中に体から魂が抜け出てしまうことがある。幽体離脱といった霊的なものではないけれど、肉体が静止して正常に機能していないという意味では同じであり、ふわ〜っと自分の頭上に魂が浮かんだのち、終演後までその場所でゆらゆらと静かに揺れている。魂は音を立てず、誰に気づかれるわけでもない。

社会におけるあらゆる職業の人が「仕事中にぼーっとする」ことに身に覚えがあるだろうが、本来ショービジネスの本番中では発動しにくく、おそらく質感も少し違うだろう。しかも私の場合、うまくいっているライブ中の満足している時にそうなることが多いのだ。

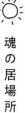

魂が不在の肉体に向かって、誰かがいつものように「〜ですよね？　加納さん」と投げかけてくれる。肉体は少しだけ遅れて、今までの経験値と反射のみで「ほんまやで」「誰がやねん」などと返している。その時頭上に浮かんでいる魂はといえば、明るい舞台照明と客席からの多くの視線に晒されていることを忘れ、己の肉体を含む舞台全体を見下ろしながら「ネタやり終わった、もうすぐライブ終わる」と、どうってことないことを思っている。

そして「また」と続く。「また、ライブがひとつ終わる」、「これを続けていく」、「これを続けていくことを選んでいる」、「私は、続けていくという人生を、今この瞬間も選んでいる」。

近頃、身の回りの芸人の解散や引退が相次いでいる。芸歴を問わず、一組また一組と、関わってきた人たちの思い出になっていく。私も報を受けるたびに、その芸人を応援していた人たちと同じように驚きとさみしさを感じるのだけれど、芸人を十数年続けているとその気持ちにもいくぶん「慣れ」のような成分が混じりはじめる。

そして一度それを自覚してしまうと、「最近なんか解散多いよなあ」という芸人同士の楽屋トークも、年に数度は聞いているような気がしてくる。いや、数度ではないのかも。淀《よど》みなく、常に「解散する芸人って多い」のかもしれない。たしかにそのほうが自然である。どのコンビ間にも契約書は存在しない。誰に頼まれたわけでもなく二人は勝手に決意し、近すぎるほど近づき、強引に同じ夢をみていると思い込む。そうしているとやはり、そのいびつで異常な状態に、時おり「正常」がすり寄ってくる。

二人の主張が食い違っていき、お互い夢への情熱が灯ったまま別れることも少なくないが、私は自分の魂が肉体から抜け出る感覚を知っているため、「ああ、この二人もどっちかの魂が、あのまま戻らんかったんかなあ」と思ったりする。それぞれのタイミングで、ある時ふわっと抜け出た魂が、そのまま戻る機会を見失ったのだ。それなら気持ちはわかる。だって私の魂も、いつ体に戻ってるんかわからんねんもん。

次のライブまでずっと魂が帰ってきていないことは今まで一度もないけれど、それだってたまたまかもしれない。本当なら、毎回毎回、「ああ、戻ってよかった」って安心するべきことなのかもしれない。魂不在の間に、同じ位置に「正常」とか「生活」が居座ってなくてよかったと思うべきなのかもしれない。そもそも、魂が同じ位置にちゃんと戻っているのかもあやしい。「よし、また次もがんばるぞ」って言っているのは常態化した肉体か魂か。その魂は最初にあったやつと同じ？　ほんまに？

先日、地方番組のロケで島根県の津和野《つわの》へ行った。のどかな田舎町に広がる初夏の緑、その風景の中に佇《たたず》む太鼓谷《たいこだに》稲成《いなり》神社の鳥居の赤がひときわ目を引いた。境内の奥から上ると、木々に囲まれた津和野城跡があらわれる。明治時代に廃城となっている山城ではあるが、いまだ石垣や天守台が残されており、足元には割れた瓦が散らばっていた。山頂まで上りきると津和野の町を一望できた。気候によっては、ここから雲海が見下ろせるのだという。

「うわー最高やなあこの景色！」

「すっげ〜〜〜！」

はしゃぐ私たちコンビの横で目を細めていたのは、観光協会に勤めている23歳の女の子だ。

「そう言ってもらえて嬉しいです」

彼女は就職活動の一環で訪れた際、この景色に一瞬で心を奪われたのだそうだ。まだまだ遊びたい年頃であろうが、それ以上に津和野の引力は強く、去年地元の広島から津和野の町へ一人で引っ越してきたらしい。

もちろん仕事であるとわかってはいるが、彼女は私たちに「この木は〜〜と言って」「もうすぐ〜〜の花が咲きます」と、ひとつひとつ愛おしそうに案内してくれた。

それはまるで、我が子を誇らしげに自慢する母のようであった。

山頂でロケを撮り終え、彼女と連れ立ってゆっくりと山道を下りた。草に覆われ自然に溶け込んだ石段は、敵軍に攻め込まれたときに上りにくくするため、一段一段の高さが異なる。歩幅が定まらず、歩きにくい。

「加納さん、右の端っこが下りやすいです」

穏やかな笑顔で、足がもたつく私たちに優しく声をかける。彼女はこの一年で何度も何度もこの山道を上り下りしたのだろう。そのたびに、初めて訪れた人のために教えられることはないか、自分にできることはないかと考えているのではないか。そんな想像をするだけで体と同時に心が温かくなった。彼女は私たちと同じように汗をかきながらも、すれ違う人全てに「こんにちは」と声をかけ、慣れた道をトントンと進んで下山するまでずっと寄り添ってくれた。

帰りの便まで時間があったので、彼女と二人で津和野の本町通りを散歩した。城下町の名残がある通り沿いの水路には、何匹もの大きな鯉が泳ぎ、紫の花菖蒲が美しく咲いていた。

「なにかお土産でも買おうかなあ」

立ち並ぶ店をキョロキョロと左右に眺める私に、彼女は「このお店はどうですか」

と、明治時代から続く老舗の種苗店を紹介してくれた。店主の女性とも懇意なようで、店に入って早々楽しそうに話している。人も、町である。本当に津和野の町が好きなんだなと感じた。

おすすめしてもらった測り売りのポップコーンの種を買って、通り沿いにある喫茶店に入った。陽が傾く前ののんびりした時間であった。

「単独ライブの福岡公演、すごく楽しみにしています」

アイスコーヒーを飲みながら、嬉しそうにそう言ってくれた。今回のロケのキャスティングは、彼女が私たちの名前を挙げてくれたおかげで実現したとスタッフさんから告げられていた。そして夏に開催する単独ライブのチケットも入手してくれていたのだった。

「生でライブみるのが初めてで」

「ありがとう、頑張るわな」

単純ながら、ツアーの日程に福岡を挙げてよかったなあ、と思った。そして、頑張ろう、と決めた。もちろんすでにめちゃくちゃ頑張るつもりではあったけれど、魂が私の肉体に帰ってくるタイミングを認識できるのだとしたら、もしかしたら、こういう時なのかもしれない。

「近くにコンビニはあんの?」「野生の動物とかでる?」「家賃はいくら?」「彼氏とかどうなん〜?」

ずいぶんと打ち解けた気になり、津和野での生活に関する質問をたくさんした。でも一番気になっていたのは、彼女の未来に関することだった。

「何年くらいここにおるつもりなん?」

「一応、今の雇用形態では3年契約で」

3年後の彼女は26歳になっている。私が初めてテレビに出た年齢だな、とぼんやり考えた。いつまでもここにいるのだろうかと、好きなはずの劇場の捉え方がわからなくなっていた時期だ。遅かれ早かれ、彼女の人生にもいずれいくつかの転機が訪れるのだろう。

「でも、その後もここにいようと思っています」

私は、なんて失礼な質問をしてしまったのだろうと思った。ずっと津和野の魅力を教えてくれていたのに、彼女はおそらく転職をしてこの地を離れる日がくるだろうと当たり前に考え、それを口にした自分が恥ずかしくて情けなかった。

「いいね」

私は咄嗟《とっさ》に、そんなチープな返事しかできなかった。山道を踏みしめる彼女の肉体には確かに、抜け出ることを知らない魂があった。そして彼女が言った「ここ」は、津和野と一体になった肉体と、魂の居場所なのだ。

多くを経験した肉体が、初心に帰るのはむずかしい。ならばこれからは、魂だけは津和野に帰ろうと思った。ふるさとでもない。思い入れのある場所でもない。けれど彼女が津和野にいることを想うだけで、私は明日も、昨日までの私を続けられるような気がしている。

では、Aマッソとは

最近、「Aマッソは」とか「Aマッソ的には」など、コンビ名を主語にして話す癖がついていることに気がついた。ひどい時には「Aマッソやぞ」と、よくわからない悪態をついている。関西のコント師は、ネタを始める前に暗転の中で自分のコンビ名を叫ぶ風習があるが（今の若手はもうやってないかな）、そういった自己紹介を強調する意味合いではなく、言うなれば、勤めている会社のことを友人に話すような自嘲、ないしは「他者が受ける印象の中にいる私たちは」といった、多分に客観性を持っていることを理解してもらいたいという雰囲気で伝えている。自分の価値は自分がよく分かっているというのは傲慢で潔さがなく、褒められた行為ではない。かわいくない。即刻やめた方がいい。それにしても、こんな癖がついたのはいつからか。

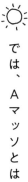

全くの無名時代と比べ、他人から自分たちに関する評判や意見をもらうことが多くなったのもあるが、多くの芸人が売れるために選択する、いわゆる「スタンダードコース」に対して疑問を持っていたことが関係するだろう。

M－1やキングオブコントで優勝するために、日々劇場で4分程度のネタをする。そして年に一度、賞レースの結果に一喜一憂し、「また来年」と決意を新たにする。私たちの世代の芸人はほとんどこうだ。私も子どもの頃から憧れた決勝の舞台に出るため、毎年賞レースに臨んでいる。しかし、私が芸人を続ける一番の目的は「勝つ」ではない。「好きなことをやって芸人として売れ続ける」ことだ。だから、企画ライブや YouTube ロケ、他ではできないその日限りのネタなど、「賞レースで勝ち進んでいく姿」を応援したい人にとっては「何してんねん」と言いたくなるような好き勝手な活動をたくさんしてきたし、これからもしていく。その中に、漫才やコントでの称号が加われば最高だと思っている。

けれど、まわりの芸人はそうではなかった。賞レースの予選で負けたら存在が全否定されたような絶望を感じていたし、「応援してくれた皆さんすいません」なんて言ったりしている。私はそれがめちゃくちゃ気持ち悪かった。「オリンピックやないねんから」と思った。みんなオリンピック思考が好きなのが嫌だった。じゃあ、来年から大会がなくなったらどうするのか。この大会自体も、かつては一人の芸人が提案したアイデアだったことは気にならないのか。

一度オファーしてもらったライブで、登場前に楽屋にいる芸人が舞台上のモニターに映し出され、舞台に来るまでの十数歩を中継するという演出があった。本番前、出演する芸人は各々そこで何をしようかとコンビ間で話し合っていた。が、とあるコンビが、「ネタの入りに支障が出るので、何もしません」と主催者に伝えていた。その日は賞レースの予選前で、最終調整でそのライブに出ている芸人も多かった。私は誰にも言わなかったが、静かにずっとブチギレていた。企画者のアイデアを蔑《ないがし》ろにしたことにも腹が立ったし、少しでも見ている人に楽しんでもらうという発想がないこともあり得ないと思った。じゃあ出んなや。百歩譲って、じゃあ「代わりにネタが終わってハケていく時に何かやりますので」とはならへんのか。え？　なんじゃこいつら。こんなやつ、たとえ決勝行ったとしても売れるかー！　と久しぶりに激《たぎ》った。情けないことにそのコンビは私たちよりも予選を上へ勝ち進んだが、私の怒りは間違っていないと確信していた。

大会が終わった年末、その時ライブにいたスタッフに「あれムカつかんかった？」と聞いてみた。すると案の定「あの人、『今年も負けてすいませんでした』って私にも言ってきました。あれなんなんですかね」と笑っていた。

芸人は、舞台でネタをすることを「ネタをかける」という。語源はわからないが、私はこの言葉にスタンダードコース芸人の全てが詰まっているような気がする。みんなネタをかけているな、という感じがする。つまり、ネタの正誤を判断している。目の前のお客さんを審査員と捉えている。でも本来は、そうではないのではないか。

この状態はおかしいと思いながら、そう言っている自分もやはり、賞レースに臨んでいる。恥ずかしいけれど、やっぱりどうしても、決勝の舞台でネタをやりたい。その欲はいつまで経っても消えない。だから、優勝したコンビのネタを見ては「ああ、私らより、いっぱいネタをかけてきたんやろうな～」とか思ってしまう。自分の活動に誇りをもってはいるけれど、アホみたいにネタをかけまくった人のネタはやはり強い。そのことも、身をもって感じている。でも、でもやで、芸人としての努力って、それだけじゃないからな⁉ って思っている自分もいる。そんな状態ゆえに、何か問われたときに「いろんな気持ちが交差する中で選んだ回答」という気持ちで「Ａマッソは」という喋り出しになってしまう。

そしてもう一つは、おそらく私の中で「Ａマッソ以外」である時間がいくつか発生してきたことだ。執筆やメディアの個人仕事などで一人の人間として能力を問われ、自分と向き合う時間が増えた。それに応じて、コンビでいる時は「今はAマッソである」という切り替えが無意識に起こり、自然と「では、Aマッソとは」と自問することになった。

まず、何をしたいか。その次に、何ができるか。次に、どうあるべきか。その次に、どう思われているか、何をしてはいけないか。これが私の考える仕事における理想の思考順位だ。

しかし、十数年コンビを続けてきて、その欲望に潜む矛盾に気づかないはずはない。そう、コンビとは私と相方、二人なのである。主語が二人であるのに「何をしたいか」を一番優先しているというのは、なかなか歪《いびつ》な環境であるといわざるを得ない。どのコンビもそうだ。どちらかが、もしくは片方が持ち寄った「何がしたいか」を二人の間に置き、眺め、体になじみそうであれば、二人の体へ入れていく。そして、「自分たちは」を主語にして、あらゆるその場の問いに答えていくのだ。

ただ、こうすることでそのつど正しい選択をしてきたように書いているが、そううまくはいかない。大きな欲望のすぐそばには、日常の小さな欲望がある。振り返ると、嘘ばかりついてきた。

今ほど配信アプリが普及していなかった数年前、当時のマネージャーさんと「冠ラジオのレギュラーが欲しいね」と話し合った。これも、両者の意見のテイを装っていた。私もその時は「絶対欲しいです」と強い語調で言った。しかし本音は違った。相方とは上京して以来ずっと同居してきて、舞台上で改めて話したいこともない。「学生時代にハガキ職人をやっていた」などのいわゆるラジオっ子でもない。私が好きな「ものづくり」からも程遠い。

しかし、コンビとして大きくなるためには、みんなに人となりを知ってもらった方がいい。だからラジオをやるべきだ。そう思った私は「ラジオをしたいです」と嘘をついた。つまり、「どうあるべきか」を優先した、どちらの欲望でもない意見だった。相方も、自分の話を積極的に聞いてほしいタイプではない。

来たるべき日のために、2ヶ月に一度トークライブを開催することになった。初回は芸歴7年目の時で、初トークライブにしては他のコンビより遅かったかもしれない。変な大喜利ライブやコーナーライブはたくさんやってきたのに、トークはしていなかった。当時のマネージャーさんは、ラジオの関係者の人をたくさん招待で呼んでくれた。初めは苦戦しながらだったが、知らない扉を開いたという興奮があった。

結果、トークライブは楽しかった。初めてコンビでのそれぞれのあり方を意識し、喋りながら、「あ、私たちってそうなんや」と何度も他人事のように思った。同じ思い出を話すのにも、ああ相方は、そんなところが気になっていたんだ、という気づきが多くあった。そのおかげか、数年経ってラジオのレギュラーを獲得することができた。嬉しいことに、今でも付き合いのある後輩はそのライブを手伝ってくれ、打ち上げに参加していたメンバーが多い。思えばあのトークライブで、たくさん大切なものを得た。

しかしこれも、私の勝手なAマッソの思い出である。相方は、村上は、どう思っているか、今までどう思ってきたかわからない。私は「つくる」ことと「仕掛ける」ことでコンビに携わってきた。村上は常にそれを実践してきた。Aマッソをやってきた。それは一体どういう景色なのか。

私がネタを書けなくなったら、企画を考えられなくなったら、Aマッソの時間は止まるのかな、と考える。賞レースで優勝できたら、まだまだ新しい世界が待っているだろうか。もしかしたら、あいつはスタンダードコースを望んでいたかな。私が今まで「いやや」と拒否してきたこと全部、「別にやったら良かったたんちゃう」と思っていたかな。どういう芸人になりたいんだろう。あいつはAマッソをどう思っているだろう。

個人で仕事をすると、「村上さんは？」と聞かれることが多い。私はその数と同じだけ「Ａマッソは？」と思う。この感触は私だけがもっている。客観視などまるででいないのに、いつまでも冷静を装い、コンビの行方を追っている。村上の気持ちは、Ａマッソに溶け込んだ成分から感じ取っていく。それ以上は怖くて、とても聞けない。

あとがき

笑いと音楽が合わさったライブの起源というのはいつだかわかりませんが、今日も東京のあちこちで、そういったイベントの企画会議が行われていることと思います。私自身もオファーしていただくこともあれば、企画の一部を担ったこともあります。

「好きなアーティストと好きな芸人を呼んでスペシャルなライブがしたい！」

「好き」と「好き」がコラボした夢のような企画。しかしこの組み合わせのライブを成功させるのは、案外難しかったりします。出演者が終演後に「ああ、主催者の独りよがりだったなあ」と思うこともあれば、運営側が「演者が全然協力的じゃなかった！」と憤慨するパターンも。お笑いと音楽と、どちらかが完全に割を食った、なんて悲惨な結果だって存在します。お客さんあっての商売なので矛盾しているかもしれませんが、たとえお客さんが満足して帰られていたとしても、演者が全員「二度とでるかあ」と吐き捨て、第2回は永遠に行われないというケースも少なくないのです。

それでも、私はジャンルの垣根を越えるあの感覚、自分の発信するものがボーダーレスになっていく感覚を味わえる空間が好きです。私の中で「ワクワクするライブ」は「ただひたすら面白いライブ」と同じくらい価値があります。

そんな別のジャンル同士が融合する場では、おのずとその存在意義に意識が向き、お笑いライブの特色について考えずにはいられません。

お笑いライブというのは本当にわがままな性質を持っていると思います。屋内がいいに決まっているし、会場が広すぎてもだめ、ちょっとお喋りしちゃうお客さんがいたらたちまち集中力が削がれて笑えなくなります。しかし、音楽ライブはどうでしょうか。好きなように体を揺らすも良し、一緒に歌うのも良し、聴き入るのも良し。なんて強いんだろうと思います。

さらに、お笑いライブで音楽が一曲も使われていないことはありません。必ず音楽に合わせて幕が開き、音楽に合わせて登場します。音楽がないと成立しない、と言ってもいいほどです。

けれどこれはないものねだりの側面もあるようで、共演したとあるバンドのキーボードを弾いていた人が、ライブ後に「お笑いの方が強いんだなって思いました」と言ってくれたことがありました。私も、音楽の方が強いと思いました。隣の芝は強いのです。ボーボーに生えています。

じゃあ、文章となるとどうか。これは呑気に羨望だけで語ることはできません。なにしろ、私は漫才もコントもスタートは台本からです。そして今、このあとがきも文章で書いています。読んでくださっているあなたは、この文を私の声で脳内再生しているかもしれません。もしも好きなボカロの声で再生している人がいたら変な人です。いつかあなたの書いた文章を読ませてください。

私は芸人の中でも、言葉で話すことと文章で書くことへの愛情が変わらない方だと自認しています。発信においても、ラジオとコラムの興奮度はほとんど差がありません。それはきっと、これからも変わらないような気がしています。

先日、さまざまなアーティストが出演する融合ライブの打ち上げで、後輩芸人数人と話していました。
私「Aは、漫才とお笑いどっちが好き?」
A「なんですかそれ、漫才はお笑いじゃないんですか」
B「アーティストとして、ってことやろ、ねえ加納さん」

私「まさにね」
A「何が違うんですか。今日のライブに感化されすぎでしょ」
私「じゃあお笑いと笑うこと、どっちが好き？」
A「うざいて。だから何が違うんですか」
B「なるほど、原因と結果、どっちが好き？　ってことですね加納さん」
私「ズバリね」
A「何言ってるかわかんないんですけど」
C「だから、穴のないゴルフできるか？　ってことよ」
私「ちゃうやろ」

これまで連載で届けた言葉も含めて、数年後みなさんが「この会話、どこで聞いたんやっけ？　ラジオ？　コラム？　なんかの歌詞？」となることを、私はひそかに願っています。
またワクワクする場所でお会いできたら嬉しいです。まずはコラムまで。

２０２３年10月

加納愛子